Irmgard Weth

Neukirchener Vorlesebibel

Mit Bildern von Kees de Kort

Bibliografische Information der Deutschen Nationalbibliothek:
Die Deutschen Nationalbibliothek verzeichnet diese Publikation
in der Deutschen Nationalbibliografie; detaillierte bibliografische Daten
sind im Internet über http://dnb.d-nb.de aufrufbar.

4. Auflage 2023
© 2008 Neukirchener Kalenderverlag, Neukirchen-Vluyn
Alle Rechte vorbehalten

Umschlaggestaltung: Andreas Sonnhüter, Düsseldorf
nach einer Vorlage von Dietmar Reichert, Dormagen
unter Verwendung eines Bildes von © Kees und Hjalmar de Kort
© Bildrechte Kees de Kort: Hjalmar de Kort, Bergen NH, Niederlande
© Bildrechte Michiel de Kort S. 46/47, 118/119, 136/137: Hjalmar de Kort, Bergen NH, Niederlande
Gestaltung und Satz: Matthias Schneider, Essen
Verwendete Schriften: Century Schoolbook, Optima Regular, AT Rotis Sans Serif
Gesamtherstellung: Mohn Media Mohndruck GmbH, Gütersloh
Printed in Germany
ISBN 978-3-920524-57-3

www.neukirchener-verlage.de

Für meine Enkel
Simon, Jonathan, Amos, Benjamin, Josia, Samuel
und Elena, Ella, Caroline, Marie und

F Ü R D I C H!

Du lernst in diesem Buch eine Menge neuer Namen kennen.
Sie erzählen von Menschen, die viel mit Gott erlebt haben.

Aber dein Name fehlt noch.
Er ist der allerwichtigste in diesem Buch.
Darum soll er auch hier auf der ersten Seite ganz groß stehen.

Dieses Buch gehört:

....

INHALT

DAS ALTE TESTAMENT 6

AM ANFANG 8
Als Gott die Welt gemacht hat

NOAH 12
Wie Gott Menschen und Tiere in der Arche bewahrte

ABRAHAM 16
Wie Abraham ein großes Versprechen bekam

SARA 20
Als endlich das erwartete Kind kam

REBEKKA 24
Wie Isaak seine Frau fand

JAKOB 28
Wie Jakob seinen Bruder hereinlegte

LEA UND RAHEL 32
Wie Gott zwei ungleiche Schwestern segnete

JOSEF UND BENJAMIN 36
Wie Gott aus Bösem Gutes machte

MOSE 40
Wie ein verlassenes Kind gerettet wurde

MIRJAM 44
Warum Mirjam vor Freude tanzte und sang

JOSUA 48
Woher Josua seinen Mut nahm

RUT UND NAOMI 52
Wie Rut ein neues Zuhause fand

SAMUEL 56
Wie ein kleiner Junge zu seinem Namen kam

DAVID 60
Wie aus einem Hirtenjungen ein König wurde

JONA 64
Warum Jona sich versteckt hat

DANIEL 68
Wie Daniel in große Gefahr kam

DAS NEUE TESTAMENT — 72

MARIA — 74
Warum ihr Kind den Namen JESUS bekam

DAS KIND IN DER KRIPPE — 78
Was damals in Bethlehem geschah

DIE HIRTEN — 82
Wer zuerst die gute Nachricht erfuhr

DIE STERNDEUTER — 86
Wie sie das Kind suchten und fanden

JESUS IM HAUS DES VATERS — 90
Als Jesus zwölf Jahre alt war

ALS JESUS GROSS WAR … — 95

SIMON — 96
Warum Jesus und Simon Freunde wurden

DER FREUDENMEISTER — 100
Als Jesus zum Hochzeitsfest kam

DER RETTER IM STURM — 104
Mit Jesus im Boot

DER JUNGE MIT DEM BROT — 108
Als Jesus mit wenig Brot viele satt machte

DER ZÖLLNER ZACHÄUS — 112
Als Jesus in sein Haus kam

DER GÜTIGE VATER — 116
Was Jesus von seinem Vater erzählt

DER BLINDE BARTIMÄUS — 120
Warum ein blinder Bettler mit Jesus ging

DER KÖNIG AM KREUZ — 124
Warum Jesus sterben musste

JESUS LEBT! — 128
Was am Ostermorgen geschah

DIE FREUNDE VON EMMAUS — 132
Als Jesus seinen Freunden die Augen öffnete

AUSBLICK — 136

Zum Gebrauch der Vorlesebibel — 138

Namensverzeichnis — 140

Gebete für Kinder — 141

DAS ALTE TESTAMENT

Wie schön ist unsere Welt!
Die Sonne lacht am Himmel.
Auf den Wiesen leuchten bunte Blumen.
Und die Vögel singen um die Wette.
Weißt du auch,
wer diese Welt so herrlich gemacht hat?
Wer befahl der Sonne zu leuchten?
Wer schenkte den Blumen die Farben?
Wer gab den Vögeln ihre fröhlichen Lieder?
Das ist ein großes Geheimnis.
Die Sonne, die Blumen, die Bäume
und auch die Vögel erzählen davon.
Hörst du, was sie dir sagen?
Es ist eine sehr lange Geschichte.
Lange bevor du geboren wurdest,
fing diese Geschichte schon an.
Und sie ist immer noch nicht zu Ende.
Willst du wissen
wie diese Geschichte begann?
Willst du sie hören, von Anfang an?

AM ANFANG

Als Gott die Welt gemacht hat

Am Anfang
schuf Gott Himmel und Erde.

Aber auf der Erde
war es noch wüst und leer.
Und es war überall dunkel.

Da rief Gott: „Licht komme herbei."
Und so geschah es.
Licht kam in die Welt.
Über der Erde wurde es hell.
Und Gott sah das Licht
und er hatte Freude daran.

Aber über der Erde
war noch kein Himmel.
Da spannte Gott
ein Dach über die Erde
und nannte es Himmel.
Und Gott sah den Himmel
und er hatte Freude daran.

Aber auf der Erde
war noch überall Wasser.
Da befahl Gott dem Wasser.
Und alles Wasser floss in das Meer.
So wurde das Land trocken.
Und Gott sah das Land und das Meer
und er hatte Freude daran.

Aber auf dem Land
wuchs noch kein Baum,
kein Busch, keine Blume.
Da befahl Gott der Erde.
Und allerlei Bäume und Büsche
wuchsen aus der Erde hervor.
Und Gott sah, was da wuchs,
und er hatte Freude daran.

Aber oben am Himmel
war noch keine Sonne zu sehen.
Da rief Gott die Sonne, den Mond
und alle Sterne herbei
und setzte sie in den Himmel.
Und Gott sah auf die Sonne,
den Mond und die Sterne
und er hatte Freude daran.

Aber auf der Erde
war noch kein Leben.
Da rief Gott die Vögel herbei,
die erfüllten die Luft
mit ihrem lauten Geschrei.
Und im Meer wimmelte es bald
von großen und kleinen Fischen.
Und Gott sah die Fische und Vögel
und er hatte Freude daran.

Aber noch regte sich nichts
auf dem trockenen Land.
Da rief Gott
noch viel mehr Tiere ins Leben,
große und kleine,
wilde und zahme,
flinke und lahme,
alle Tiere, die auf dem Land leben.
Und Gott sah, wie sie spielten,
wie sie hüpften und sprangen,
und er hatte Freude daran.

Aber zuletzt schuf Gott den Menschen.
Er schuf den Mann und die Frau.
Und Gott segnete sie und sprach:
„Kinder sollt ihr bekommen,
so viele, dass sie bald
die ganze Erde bewohnen.
Alles, was ich gemacht habe,
soll euch und euren Kindern gehören.
Aber ihr gehört mir.
Meine Kinder seid ihr.
Auf mich sollt ihr hören."

Danach ruhte Gott aus.
Das große Werk war getan.
Und Gott sah die Welt an
und die Menschen,
die er geschaffen hatte,
und hatte große Freude daran.

1. Mose 1-2,4

NOAH

Wie Gott Menschen und Tiere in der Arche bewahrte

Dies ist die Geschichte
von Noah und seiner Familie.
Eines Tages sprach Gott zu Noah:
„Sieh, was die Menschen machen!
Sie tun, was ihnen gefällt,
und hören nicht mehr auf mich.
Sie zerstören die Erde
und alles, was darauf wächst.
Darum wird bald
eine große Flut kommen.
Und alles, was auf der Erde lebt,
wird im Wasser ertrinken.
Du aber, Noah, höre auf mich:
Bau dir ein Schiff!
Denn du sollst nicht sterben.
Dich will ich retten,
dich und deine ganze Familie.
Aber auch die Tiere
will ich am Leben erhalten.
Darum nimm von allen Tieren
je ein Paar in das Schiff,
große und kleine,
wilde und zahme,
flinke und lahme.
Nimm alle mit dir ins Schiff."

Da hörte Noah auf Gott.
Und er baute die Arche,
ein riesiges Schiff,
so hoch und lang wie ein Haus.

Dann ging er mit seiner Familie
in die Arche hinein.
Und schon kamen die Tiere
von allen Seiten herbei:
große und kleine,
wilde und zahme,
flinke und lahme,
Tiger und Tauben,
Rinder und Raupen,
Löwen und Läuse,
Füchse und Fledermäuse,
Giraffen und Affen.
Alle ließ Noah in die Arche hinein.

Bald darauf verschwand die Sonne
hinter den Wolken.
Ein furchtbarer Regen brach los.
Es schüttete.
Es goss in Strömen.
Es hörte gar nicht mehr auf.
Bald stand das ganze Land
unter Wasser.
Aber Noah und seine Familie
waren in der Arche geborgen.
Kein Tropfen Wasser
drang in das Schiff ein.

Endlich, nach vierzig Tagen,
hörte der Regen auf.
Die Sonne strahlte wieder am Himmel.

*Kennst du den Mann dort am Fenster?
Er hat gerade eine große Überraschung erlebt.
Die muss er dir unbedingt erzählen.
Seine Geschichte fängt ganz traurig an.
Aber dann …*

Aber das Wasser
sank nur ganz langsam.
Da – plötzlich ein Ruck.
Die Arche saß auf einem Berg fest.
Und nicht lange danach
traten auch die Bergspitzen
wieder aus dem Wasser hervor.
Wie froh war Noah, als er das sah!
Er ließ eine Taube hinausfliegen.
Aber die Taube kam wieder zurück.
Sie hatte noch kein Futter gefunden.
Da wartete Noah noch eine Woche.
Dann ließ er noch einmal
eine Taube hinausfliegen.
Die kam am Abend
mit einem frischen Ölbaumblatt zurück.
Da wusste Noah:
Bald ist es so weit.
Er wartete noch eine Woche.
Dann ließ er zum dritten Mal
eine Taube hinausfliegen.
Die kam nicht mehr zurück.
Nun wusste Noah:
Jetzt ist das Land trocken.

Und Gott sprach zu Noah:
„Nun geht aus der Arche,
du und deine Familie
mitsamt allen Tieren!"
Da machte Noah die Arche weit auf.

Alle Menschen und Tiere
stürmten fröhlich hinaus.
Dankbar blickte Noah
zum Himmel hinauf.
Da sah er am Himmel
einen großen Regenbogen,
der leuchtete in allen Farben
und spannte sich über die ganze Erde.

Und Gott sprach zu Noah:
„Nie mehr
soll so eine schlimme Flut kommen.
Von nun an will ich immer
die Erde beschützen,
im Sommer und Winter,
bei Hitze und Frost,
bei Tag und bei Nacht.
Siehst du den Regenbogen?
Er sagt dir,
dass ich mein Wort halte."

Wie froh war Noah,
als er das hörte!
Gott hatte seine Familie
in der Arche bewahrt.
Er würde sie auch in Zukunft
am Leben erhalten
mitsamt allen Tieren.

1. Mose 6-9

ABRAHAM

Wie Abraham ein großes Versprechen bekam

In einem fernen Land
lebte ein reicher Mann,
der hieß Abraham.
Er hatte viele Knechte und Mägde,
auch Schafe und Ziegen,
Kühe und Kamele
und viele, viele Hirten,
die für die Tiere sorgten.
Abraham wohnte
mit seiner Frau Sara
im Haus seines Vaters.
Es fehlte ihm dort an nichts.
Nur eines fehlte den beiden:
Sie hatten kein Kind.

Eines Tages hörte Abraham,
wie Gott zu ihm sprach:
„Geh, Abraham!
Geh weg von hier!
Verlass dein Vaterhaus
und zieh in ein anderes Land!
Dort will ich dich groß machen.
Und hab keine Angst.
Ich gehe mit dir.
Ich zeige dir den Weg
und gebe dir meinen Segen."

Da hörte Abraham auf Gott.
Er sammelte alles ein,
was ihm gehörte,
seine Ziegen und Schafe,
seine Kühe und Kamele,
seine Knechte und Mägde,
nahm Abschied von seinen Eltern
und von seinen Verwandten
und machte sich auf den Weg
mit seiner Frau Sara
und mit allen seinen Hirten
und Herden.

Es wurde eine sehr lange Reise.
Der Weg war weit und gefährlich.
Er führte über steile Berge
und über steiniges Land.
Jeden Tag brannte die Sonne heiß
auf die Menschen und Tiere herab.
Und unterwegs gab es nur wenig
Wasser und Gras für die Tiere.

Viele Wochen wanderten sie.
Mit den vielen Tieren
kamen sie nur langsam voran.
Endlich sah Abraham in der Ferne
das Land Kanaan.
„Was für ein herrliches Land!",
freute sich Abraham.
Es war ein Land
mit sanften Hügeln,
mit saftigen Wiesen,
mit grünen Bäumen
und fruchtbaren Feldern.

Sieh dir den alten Mann an!
Das ist Abraham.
Er hält einen Wanderstab in der Hand.
Was hat er vor? Wohin will er?
Wer geht mit ihm
und wer zeigt ihm den Weg?
Weißt du es?

Und drunten im Tal
glitzerte ein Fluss in der Sonne.

Da sprach Gott zu Abraham:
„Siehst du das Land?
Schau es dir an!
Hier sollst du leben.
Dieses Land will ich
deinen Nachkommen geben,
allen deinen Kindern,
die nach dir kommen."

Abraham horchte auf.
Was hatte Gott gesagt?
Deinen Kindern?
Aber er und seine Frau
hatten doch gar kein Kind!
Und sie waren beide schon alt.
Wollte Gott ihnen jetzt noch
ein Kind schenken?
Abraham konnte es nicht glauben.
Doch in der Nacht
sprach Gott zu ihm:
„Abraham, schau auf!
Siehst du die Sterne am Himmel?
Kannst du sie zählen?
So viele Kinder
werden einmal von dir kommen.

Und sie werden alle
in diesem Land wohnen."

Da dankte Abraham Gott
für sein großes Versprechen.
Danach schlug er sein Zelt
im Land Kanaan auf
und wartete darauf,
dass Gott sein Versprechen erfüllte.

1. Mose 11-15

SARA

Als endlich das erwartete Kind kam

Es war ein heißer Tag.
Sara stand vor dem Zelt
und blickte ins Land hinaus.
Wie lange noch?,
dachte sie bei sich.
Gott hat uns in dieses Land geführt.
Aber wir wohnen noch immer im Zelt
und haben kein festes Haus.
Und hat uns Gott
nicht ein Kind versprochen?
Aber das Kind ist nicht gekommen.
Jetzt ist es zu spät.
Ich kann kein Kind mehr bekommen.

Da sah Sara in der Ferne
drei Männer kommen.
Sie kamen geradewegs auf das Zelt zu.
Sogleich verschwand Sara im Zelt.
Doch Abraham rief hinter ihr her:
„Wir bekommen Besuch!
Knete schnell einen Teig
und back einen Kuchen!"
Er selbst aber lief
den Männern entgegen
und grüßte sie freundlich:
„Willkommen!
Seid meine Gäste!
Ruht euch hier aus!
Esst und trinkt ein wenig,
bevor ihr weiterzieht."

Da setzten sich die Männer
zu Abraham in den Schatten.
Sara aber blieb drinnen im Zelt
und lauschte heimlich,
was sich die Männer erzählten.
„Hör, Abraham!", sagte der eine.
„Ich habe eine gute Nachricht
für dich und für Sara:
In einem Jahr
werdet ihr einen Sohn haben."

„Was?" Sara kicherte leise.
„Ich soll noch ein Kind bekommen?
Das ist doch unmöglich!"
Aber der Fremde fuhr fort:
„Warum lacht Sara?
Glaubt sie mir nicht?
Weiß sie denn nicht:
Alles ist möglich bei Gott!"

Jetzt fühlte sich Sara ertappt.
„Nein!", rief sie erschrocken
durch die offene Tür.
„Ich habe doch gar nicht gelacht."
„Doch", sagte der Fremde,
„du hast wirklich gelacht."

Da erschrak Sara noch mehr.
Wer war dieser Fremde?
Was wusste er von ihr?

Siehst du das Zelt? Es ist Abrahams Zelt. An der Tür steht seine Frau Sara. Es sieht so aus, als ob sie auf jemanden wartet. Wen erwartet sie wohl? Kannst du es erraten?

Sie ahnte ja nicht:
Gott hatte seine Boten
zu ihr geschickt.
Er selbst hatte ihr
die gute Nachricht gebracht.

Und wie Gott gesagt hatte,
so traf es auch ein:
Sara wurde schwanger.
Und nach einem Jahr
wurde endlich das Kind geboren,
auf das Abraham und Sara
so lange gewartet hatten.

Glücklich nahm Abraham
das Kind auf seine Arme
und gab ihm den Namen Isaak.
Isaak – der Name bedeutet:
„Gott hat gemacht,
dass unser Herz lacht."

So wuchs Isaak heran.
Und seine Eltern liebten ihn
von Tag zu Tag mehr.
Nie mehr wollten sie vergessen,
wie Gott sie mit ihrem Kind
beschenkt hatte.

1. Mose 18 u. 21

REBEKKA

Wie Isaak seine Frau fand

Viele Jahre waren vergangen.
Isaak war inzwischen schon groß.
Seine Mutter lebte nicht mehr.
Und in dem großen Zelt
war es nun still und leer.
Da sagte sich Abraham:
Bald werde ich sterben.
Dann ist Isaak ganz allein.
Ich will dafür sorgen,
dass er eine Frau bekommt,
Eine Frau soll es sein,
die zu Isaak passt
und die Gott lieb hat wie wir.
Und er bat seinen Knecht:
„Zieh in meine Heimat,
zu meinen Verwandten!
Dort wirst du die richtige Frau
für Isaak finden."

Da zog der Knecht
mit zehn Kamelen los
und reiste nach Haran,
Abrahams Heimat.
Draußen vor der Stadt
lag ein Brunnen.
Dort hielt er an und wartete,
bis die Frauen aus der Stadt kamen,
um Wasser zu schöpfen.
Ob darunter auch die Frau war,
die er suchte?

Wie sollte er sie finden?
Der Knecht wusste es nicht.
Er betete leise:
„Herr, bitte, zeig mir die Frau,
die du für Isaak ausgesucht hast.
Und das soll das Zeichen sein,
an dem ich die Frau erkenne:
Wenn ich sie bitte:
‚Gib mir Wasser zu trinken!',
und sie mir dann Wasser gibt
und auch meinen Kamelen,
dann glaube ich: Das ist die Frau,
die du für Isaak ausgesucht hast."

Da kam ein Mädchen zum Brunnen.
Sie trug einen Krug
und war jung und sehr schön.
Der Knecht ging auf sie zu
und bat sie: „Gib mir bitte
einen Schluck Wasser zu trinken!"
„Ja, gerne", sagte das Mädchen.
„Auch deine Kamele
sollen Wasser von mir bekommen."
Dann reichte sie ihm den Krug
und gab ihm Wasser zu trinken.
Danach lief sie nochmals zum Brunnen
und füllte den Krug wieder mit Wasser.
Das goss sie in den Trog für die Kamele.
Immer wieder füllte sie ihren Krug,
bis alle Kamele getrunken hatten.

Soll ich dir verraten, wer ich bin?
Ich bin Abrahams ältester Knecht.
Mein Herr hat mir
einen wichtigen Auftrag gegeben.
Ich soll eine Frau
für seinen Sohn suchen.
Aber ob ich das schaffe?

Der Knecht aber sah zu,
staunte und schwieg.
Nun war er gewiss:
Dies war die Frau,
die Gott für Isaak bestimmt hatte.

Da holte der Knecht
seine Geschenke hervor,
einen goldenen Stirnreif
und zwei glänzende Armreife,
die gab er dem Mädchen.
Und er fragte sie: „Wie heißt du?
Und wie heißt dein Vater?
Sag, können wir auch
bei euch übernachten?"

Das Mädchen antwortete:
„Ich heiße Rebekka
und bin Betuels Tochter.
Ich lade dich ein.
Du kannst bei uns schlafen.
In unserem Haus ist genug Platz
für dich und deine Kamele."

Da staunte der Knecht noch mehr,
als er Rebekkas Namen hörte.
Denn Rebekka gehörte
zu Abrahams Verwandten.
„Gelobt sei Gott!", rief er froh.
„Denn er hat mich
zu eurer Familie geführt."
Dann ging er mit Rebekka
und erzählte ihren Eltern
und ihrem Bruder Laban,
warum er gekommen war
und wie er Rebekka gefunden hatte.

Da riefen alle voll Staunen:
„Das kommt von Gott!"
Und sie fragten Rebekka:
„Willst du Isaaks Frau werden?"
„Ja", sagte Rebekka, „ich will es."

Und so geschah es.
Gleich am nächsten Morgen
brach der Knecht mit Rebekka auf
und zog zu Isaak zurück.
Dort erzählte er voller Freude,
wie er Rebekka gefunden hatte.
Da glaubte auch Isaak:
Rebekka war die Frau,
die Gott für ihn ausgewählt hatte.

So wurde Rebekka Isaaks Frau.
Und Isaak gewann sie
mit jedem Tag lieber.

1. Mose 24

JAKOB

Wie Jakob seinen Bruder hereinlegte

Isaak und Rebekka hatten zwei Söhne.
Sie hießen Esau und Jakob.
Beide waren am selben Tag geboren.
Aber Esau war der Ältere.
Darum zog ihn der Vater
seinem jüngeren Sohn vor.
Aber Rebekka zog Jakob
dem älteren Sohn vor.

So vergingen die Jahre.
Esau wurde ein Jäger.
Und Jakob wurde ein Hirte.
Vater Isaak aber wurde so alt,
und seine Augen wurden so schwach,
dass er seine eigenen Kinder
nicht mehr erkannte.

Da rief der Vater eines Tages
seinen Sohn Esau zu sich und sagte:
„Mein Sohn, sieh mich an!
Ich bin alt und werde bald sterben.
Darum geh und jage ein Tier!
Schlachte es und brate es,
und gib mir's zu essen.
Dann will ich dich segnen."

Aber Rebekka hatte alles gehört.
Sogleich lief sie zu Jakob
und flüsterte ihm zu:
„Auf, hol schnell zwei Böckchen,
damit ich sie schlachte und brate.
Dann bring den Braten zum Vater.
Danach wird er dich segnen."
Doch Jakob erwiderte:
„Der Vater wird merken,
dass ich nicht Esau bin.
Denn Esaus Hände sind rau.
Aber meine Hände sind glatt."
„Tu, was ich sage!", befahl Rebekka.

Da holte Jakob zwei Böckchen.
Und Rebekka machte daraus
einen köstlichen Braten.
Dann band sie die beiden Felle
um Jakobs Hände
und zog ihm Esaus Festgewand an.
So ging Jakob zu seinem Vater.
„Mein Vater!", rief er.
„Hier bin ich, Esau, dein Sohn.
Komm, setz dich!
Ich hab einen guten Braten für dich."
„Wie?", fragte der Vater verwundert.
„So schnell bist du wieder zurück?
Komm näher, mein Sohn!
Ich will fühlen,
ob du auch wirklich Esau bist."

Da hielt ihm Jakob die Hände hin.
Und sein Vater fühlte die Felle.
„Wie seltsam!", sagte er zu sich.

O weh! Was ist passiert?
Kennst du den Jungen?
Vor wem läuft er davon?
Es ist Jakob, Rebekkas Sohn.
Hör, was er angestellt hat!
Du glaubst es nicht.

„Die Stimme klingt
wie die Stimme von Jakob.
Aber die Hände sind rau
wie die Hände von Esau.
Sag, bist du auch wirklich Esau?"
„Ja", log Jakob, „ich bin es."

Da aß Isaak von seinem Braten.
Danach küsste er seinen Sohn.
Und als er Esaus Kleid roch,
war er sich sicher:
Esau stand vor ihm.
Er legte seine Hände auf Jakob
und segnete ihn.
Nun war es geschehen.
Leise schlich sich Jakob hinaus.

Doch bald darauf kam Esau zurück.
„Mein Vater!", rief er fröhlich.
„Ich hab einen fetten Braten für dich.
Komm setz dich und iss!
Dann gib mir deinen Segen!"
„Du, Esau?", rief der Vater entsetzt.
„Aber wer war der andere?
Jakob war es! Er hat mich betrogen.
Jakob hat meinen Segen bekommen."

Da schrie Esau laut auf:
„Dieser gemeine Betrüger!
Er hat mir den Segen gestohlen!

Warte! Wenn ich den erwische,
dann mach ich ihn fertig."
Aber Jakob lief schnell davon.
Er rannte um sein Leben
und hielt nicht an,
bis er in Sicherheit war.

Auf einmal war Jakob ganz allein.
Schon brach die Nacht herein.
Todmüde legte Jakob sich
auf einen Stein und schlief ein.
Aber in dieser Nacht hatte er
einen seltsamen Traum.
Er sah im Traum eine Leiter,
die reichte bis an den Himmel.
Engel stiegen hinauf und hinab.
Und oben stand Gott und sprach:
„Hab keine Angst, Jakob!
Du bist nicht allein.
Ich will mit dir sein
und will dich behüten.
Wohin du auch gehst,
ich gehe mit dir."

Da wachte Jakob auf.
Alle Angst war verflogen.
Nun hatte er Mut, weiter zu wandern.
Gott war bei ihm und schützte ihn,
wohin er auch ging.

1. Mose 27-28

LEA UND RAHEL
Wie Gott zwei ungleiche Schwestern segnete

Dies ist die Geschichte
von Lea und Rahel,
zwei ungleichen Schwestern.
Rahel, die jüngere Schwester,
hatte strahlende Augen
und war schön anzusehen.
Lea aber hatte ein blasses Gesicht,
und ihre Augen leuchteten nicht.
Lea war meist drinnen im Haus.
Rahel dagegen zog es
zu den Schafen hinaus.
Jeden Morgen ging sie
mit ihnen auf die Weide.
Und wenn es Mittag wurde,
trieb sie ihre Herde zum Brunnen.
Dort traf sie sich mit anderen Hirten
und wartete darauf, dass diese
den schweren Deckel vom Brunnen abhoben.

Eines Tages kam Rahel zum Brunnen.
Da lief ein junger Mann auf sie zu.
Rahel wunderte sich.
Wer war dieser Fremde?
Rahel kannte ihn nicht.
Aber der Fremde rief:
„Sei gegrüßt Rahel!
Ich bin Jakob,
der Sohn von Rebekka.
Die Hirten haben mir erzählt:
Du bist eine Tochter von Laban,
dem Bruder meiner Mutter Rebekka."
Und er umarmte und küsste sie.
Danach lief er zum Brunnen
und stemmte vor ihren Augen
den Deckel vom Brunnen,
so sehr freute er sich, sie zu sehen.

Da rannte Rahel nach Hause
zu ihrem Vater Laban und rief:
„Vater, draußen am Brunnen
sitzt ein fremder Mann.
Er sagt, er sei ein Sohn
deiner Schwester Rebekka."
Als Laban das hörte,
lief er schnell Jakob entgegen,
fiel ihm um den Hals, küsste ihn
und führte ihn in sein Haus.
Dort erzählte ihm Jakob,
warum er gekommen war
und wie er vor Esau geflohen war.
Und er fragte:
„Kann ich bei euch bleiben?"
„Aber gewiss!", antwortete Laban.
„Du bist doch einer von uns.
Du kannst bei uns bleiben,
solange du willst."

Von diesem Tag an lebte Jakob
bei seinem Onkel Laban in Haran.
Jeden Tag zog er mit Rahel

*Das sind die Schwestern Lea und Rahel.
Sie sind ganz verschieden.
Kannst du es sehen?
Dennoch haben beide
eine gemeinsame Geschichte.*

auf die Weide hinaus.
Und mit jedem Tag
gewann er Rahel lieber.

Da sagte Laban eines Tages zu Jakob:
„Du bist zwar mit mir verwandt.
Doch sollst du nicht länger
umsonst für mich arbeiten.
Sag, was willst du als Lohn?"
„Ich habe nur einen Wunsch",
antwortete Jakob.
„Gib mir deine Rahel zur Frau!
Dafür will ich sieben Jahre
dein Knecht sein."

So blieb Jakob sieben Jahre
bei Laban in Haran.
Doch die Zeit wurde ihm nicht lang.
So lieb hatte er Rahel.
Nach sieben Jahren aber
wurde Hochzeit gefeiert.
Laban bereitete am Abend
ein großes Festessen zu.
Und nach dem Essen
führte er die Braut zu Jakob ins Zelt.
Sie trug einen Schleier,
sodass Jakob nicht ihr Gesicht sah.
Als er aber am Morgen aufwachte,
da sah er: Lea lag bei ihm,
nicht Rahel!

Wütend lief Jakob zu Laban
und schrie ihn an:
„Du hast mich betrogen!
Warum hast du mir das angetan?"
Doch Laban antwortete listig:
„Erst ist Lea, die Ältere, dran.
Danach kannst du auch
Rahel zur Frau bekommen.
Aber dafür sollst du noch einmal
sieben Jahre mein Knecht sein."

Was sollte Jakob tun?
Er musste sich fügen.
So blieb er noch einmal
sieben Jahre bei Laban.
Und Laban gab ihm dafür
auch seine Tochter Rahel zur Frau.

Dies ist der Anfang von Jakobs Familie.
Lea schenkte Jakob viele Kinder.
Und auch Rahel bekam zwei Kinder,
die hießen Josef und Benjamin.
Dankbar kehrte Jakob
mit seinen Frauen und Kindern
in seine Heimat zurück.
Gott hatte seine Familie
über Erwarten gesegnet.

1. Mose 29ff

JOSEF UND BENJAMIN

Wie Gott aus Bösem Gutes machte

Vater Jakob hatte zwölf Söhne.
Aber seine jüngsten Söhne,
Josef und Benjamin mit Namen,
hatte er am liebsten von allen.
Einmal schenkte er Josef
ein prächtiges buntes Kleid.
Josef fühlte sich darin wie ein Prinz.
Aber seine großen Brüder
fuhren ihn an: „Was fällt dir ein?
Willst du etwa König über uns sein?"

Eines Tages schickte der Vater
Josef zu seinen Brüdern aufs Feld.
Die aber stürzten sich auf ihn,
rissen ihm sein Kleid vom Leib
und warfen ihn in eine Grube.
Nicht lange danach
kamen Kaufleute mit Kamelen vorbei.
Da zogen sie Josef aus der Grube
und verkauften ihn an die Kaufleute,
die brachten Josef nach Ägypten.
Danach nahmen die Brüder Josefs Kleid,
tauchten es in Blut
und schickten es ihrem Vater.
Als aber der Vater das Kleid sah,
schrie er laut auf:
„Josef ist tot! Josef ist tot!
Ein wildes Tier hat ihn gefressen."
Doch niemand verriet dem Vater,
was wirklich geschehen war.

Jahre vergingen.
Da brach im Land
eine große Hungersnot aus.
Als die Brüder hörten:
„In Ägypten gibt es noch Korn!",
brachen alle sogleich auf
und zogen nach Ägypten.
Nur Benjamin blieb bei seinem Vater.

Nach vielen Wochen
kamen die Brüder wieder zurück.
Stolz zeigten sie ihre vollen Kornsäcke.
„Sieh, was wir bekommen haben!",
riefen sie dem Vater entgegen.
„Aber der Ägypter,
der uns das Korn verkauft hat,
war sehr streng zu uns.
Er hat uns befohlen:
‚Bringt beim nächsten Mal
euren jüngsten Bruder mit!
Sonst bekommt ihr kein Korn mehr.'"
„Nein!", rief der Vater erschrocken.
„Niemals gebe ich Benjamin her.
Josef ist tot. Nun wollt ihr mir
auch noch Benjamin nehmen?"

Doch bald waren alle Säcke wieder leer.
Da zogen die Brüder
noch einmal nach Ägypten.
Diesmal zog auch Benjamin mit.

Benjamin, kleiner Benjamin!
Warum blickst du so erschrocken?
Bist du traurig,
weil du deinen Bruder verloren hast?
Aber sei nicht traurig!
Du wirst ihn wiedersehen.
Soll ich dir verraten,
was mit ihm geschehen ist?

Aber als sie dort ankamen,
trauten sie ihren Augen nicht:
Der Ägypter empfing sie persönlich
in seinem Palast.
Diener trugen köstliches Essen auf.
Benjamin bekam sogar
fünfmal so viel wie die anderen.
„Warum ist der Ägypter auf einmal
so freundlich zu uns?", fragten sich alle.
Sie ahnten ja nicht,
wer der Ägypter in Wahrheit war.

Am nächsten Tag rief der Ägypter
die Brüder noch einmal zu sich
und sagte: „Nehmt eure Kornsäcke
und geht wieder nach Hause!
Aber euer jüngster Bruder bleibt hier."
„Nein, nicht Benjamin!",
riefen die Brüder erschrocken.
„Sonst stirbt unser Vater vor Kummer.
Er hat schon einen Sohn verloren."

Doch da geschah es:
Plötzlich schluchzte der Ägypter laut.
„Kommt näher!", rief er. „Seht mich an!
Ich bin gar kein Ägypter.
Ich bin Josef, euer Bruder.
Erkennt ihr mich nicht?"
Die Brüder aber starrten ihn an,
sprachlos vor Schreck.
Wirklich – jetzt erkannten sie ihn:
Josef stand vor ihnen!
Ihr Bruder, den sie verkauft hatten!
Nun war er der mächtigste Mann
in Ägypten geworden.
Doch Josef fuhr fort:
„Habt keine Angst, Brüder!
Ich tue euch nichts an.
Ihr habt zwar Böses getan.
Aber Gott hat es gut gemacht.
Auf, geht zu unserem Vater zurück
und sagt ihm: ‚Josef, dein Sohn, lebt!
Darum komm nach Ägypten
mit deiner Familie und wohne hier,
bis die Hungersnot vorbei ist!'"

Danach fiel Josef
Benjamin um den Hals,
und beide weinten vor Freude.
Nun glaubte auch Benjamin:
Gott hatte aus Bösem
Gutes gemacht
und hatte seine Brüder
miteinander versöhnt.

1. Mose 37-50

MOSE

Wie ein verlassenes Kind gerettet wurde

Jakob lebte nicht mehr.
Und auch Josef und seine Söhne
lebten nicht mehr.
Doch ihre Familien wohnten
immer noch in Ägypten.
Israeliten nannten sie sich,
nach ihrem Vater Jakob,
der auch Israel hieß.

Damals regierte in Ägypten
ein grausamer König,
der hasste alle Israeliten,
weil sie anders waren als die Ägypter.
Darum machte er die Israeliten
zu seinen Sklaven.
Und immer, wenn bei den Israeliten
ein Sohn zur Welt kam,
ließ er das Kind sofort töten.
Es war eine schlimme Zeit.
Die Israeliten weinten und klagten.
Aber der König
hatte kein Mitleid mit ihnen.

Zu dieser Zeit brachte eine Israelitin
einen kleinen Jungen zur Welt.
Als sie das Kind sah,
so zart und vollkommen,
sagte sie zu sich:
„Was für ein feines Kind!
Es soll nicht sterben
wie die anderen Kinder.
Ich will, dass es lebt."
Schnell versteckte sie das Kind
in einer dunklen Ecke der Hütte.
Lange Zeit hielt sie
das Kind dort verborgen.
Sie stillte es, wenn es schrie,
und wiegte es in den Schlaf.
Aber nach drei Monaten
schrie das Kind so laut,
dass die Mutter
es nicht mehr verbergen konnte.

Was sollte die Mutter nun tun?
Heimlich flocht sie ein Körbchen
und verklebte es außen mit Pech,
sodass kein Wasser eindringen konnte.
Dann legte sie ihr Kind in das Körbchen,
deckte es zu und trug es
behutsam zum Fluss.
Dort versteckte sie es
zwischen dem Schilfgras.
Dann schlich sie sich leise
in ihre Hütte zurück.
Aber Mirjam, ihre Tochter,
blieb am Ufer zurück.
Sie versteckte sich im Schilfgras
und gab acht,
dass dem Kind nichts geschah.

Weißt du, wem dieses Kind gehört?
Es ist noch klein und ganz allein.
Es hat auch noch keinen Namen.
Ich will dir erzählen,
wie dieses Kind zu seinem Namen kam
und wer dieses Kind zu sich nahm.

Doch plötzlich – was war das?
Mirjam horchte auf.
Sie hörte Schritte und Stimmen.
Da kam die Tochter des Königs
mit ihren Dienerinnen zum Baden.
Mirjam klopfte das Herz.
Wenn die Prinzessin
das Kind entdeckte – was dann?

In diesem Augenblick
fing das Kind an zu weinen.
Verwundert sah die Prinzessin sich um.
Da entdeckte sie das Körbchen im Schilf.
„Seht, was da liegt!", rief die Prinzessin.
„Bringt das Körbchen zu mir!
Ich will sehen, was darin ist."
Und als die Dienerinnen es brachten,
da traute sie ihren Augen nicht:
Da lag das Kind in dem Körbchen.
Es weinte jämmerlich.
„Das arme Kind!", rief die Prinzessin.
„Hört, wie es weint!
Sicher gehört es den Israeliten.
Aber es soll nicht sterben
wie die anderen Kinder.
Ich will, dass es lebt.
Mein Kind soll es werden.
Ich habe es aus dem Wasser geholt."
Und sie nannte das Kind Mose,
das heißt: „aus dem Wasser geholt".

Da wagte sich Mirjam
aus ihrem Versteck hervor.
Und sie sagte zu der Prinzessin:
„Ich kenne eine Frau,
die kann das Kind stillen.
Soll ich sie holen?"
„Ja", sagte die Prinzessin,
„hol sie schnell her!
Das Kind hat Hunger."

Sogleich lief Mirjam nach Hause
und holte ihre eigene Mutter.
„Kannst du das Kind stillen?",
fragte die Prinzessin.
„Ich will dir auch Lohn dafür zahlen.
Nimm es zu dir, bis es alt genug ist!
Dann will ich es zu mir holen."

Glücklich trug die Mutter
das Kind in ihre Hütte zurück,
ihr eigenes Kind.
Wie dankbar war sie!
Gott hatte ihr Kind
am Leben erhalten.
Er würde auch weiter
für ihr Kind sorgen.
Darauf vertraute sie fest.

2. Mose 1-2

MIRJAM

Warum Mirjam vor Freude tanzte und sang

Jahre vergingen.
Mose war inzwischen erwachsen.
Aber die Israeliten
lebten immer noch in Ägypten.
Die Menschen weinten und klagten:
„Ach Gott, wie lange noch?
Wann werden wir endlich frei?
Wann dürfen wir wieder
in das Land zurückkehren,
das Gott uns versprochen hat?"

Da hörte Gott auf ihr Weinen.
Er rief Mose und sprach:
„Mose, mach dich bereit!
Du sollst das Volk Israel
in das Land Kanaan führen."
Doch Mose wehrte erschrocken ab.
„Ich? Unmöglich! Das schaffe ich nie!
Und außerdem: Der König von Ägypten
lässt uns nicht ziehen."
Aber Gott sprach zu Mose:
„ICH will mit dir sein.
Vertraue mir nur!
Aaron, dein Bruder,
wird dir dabei helfen."

Da schöpfte Mose Mut
und ging mit Aaron zum König.
Mutig stellte er sich
vor ihm auf und sagte:

„Lass das Volk Israel frei!
Gott hat es befohlen."
Doch der König schrie zornig:
„Was? Wer ist dieser Gott?
Ich kenne euren Gott nicht.
Ich bin allein der Herr im Land.
Niemals gebe ich euch frei.
Ihr bleibt meine Sklaven."

Aber nicht lange danach
kamen schlimme Plagen
über das Land Ägypten.
Da merkte der König,
wer der wahre Herr im Land war.
Nun war er endlich bereit,
die Israeliten ziehen zu lassen.

Da brach große Freude aus
bei allen Israeliten.
Fröhlich zogen sie aus Ägypten aus,
Männer, Frauen und Kinder,
mit Sack und Pack
und mit all ihren Tieren.

Drei Tage lang wanderten sie,
bis sie an das Rote Meer kamen.
Dort setzten sie sich ans Ufer
und ruhten sich aus.
Doch plötzlich – was war das?
In der Ferne ertönte wildes Geschrei.
Rosse und Reiter jagten herbei.

Sieh dir Mirjam an!
Sie führt einen Freudentanz auf.
Sie hat gerade etwas Wunderbares erlebt.
Sie hat dazu sogar ein Lied gedichtet.
Willst du wissen,
wie es zu diesem Lied kam?

Sie kamen näher und näher.
„Hilfe!", schrien die Israeliten.
„Die Ägypter holen uns ein."

Was sollten sie tun?
Vor ihnen lag das offene Meer.
Sie konnten nicht fliehen.
Da liefen sie zu Mose und schrien:
„Mose, du bist schuld.
Du hast uns in diese Falle geführt."
Aber Mose antwortete:
„Habt keine Angst!
Gott wird uns helfen.
Wartet nur ab!"
Dann hielt er seinen Stab
über das Wasser.
Und siehe da!
Das Wasser wich vor Mose zurück.
Mose ging in das Meer hinein,
und alle folgten ihm,
Große und Kleine,
mit all ihrem Vieh.
Auf trockenem Weg
zogen sie durch das Meer.
Und als der Morgen kam,
hatten alle Israeliten
das andere Ufer erreicht.

Aber die Ägypter
folgten ihnen durch das Meer.

Doch als die Ägypter
noch mitten im Meer waren,
kam das Wasser zurück.
Alle Ägypter ertranken.

Da nahm Mirjam ihre Pauke
und stimmte voller Freude
ein Danklied an:

> *„Singt dem Herrn!*
> *Denn er hat ein Wunder getan!"*

Und alle Frauen sangen
und tanzten am Ufer entlang.
Ihr Lied und ihr Freudentanz
steckte auch alle anderen an.
Laut schallte das Lied über das Wasser:
Gott hatte ein großes Wunder getan.

Nun schöpften alle wieder Mut.
Gott hatte sie durch das Meer geführt.
Er würde sie auch sicher
durch die Wüste
ins Land Kanaan führen.

2. Mose 14-15

Halleluja!

Lobt unseren Gott!
Lobt ihn für seine Taten!
Lobt ihn mit Posaunen!
Lobt ihn mit Harfen!
Lobt ihn mit Pauken
und Reigentanz!
Lobt ihn mit Saiten-
und Flötenspiel!
Lobt ihn fröhlich
mit klingenden Schellen!
Alles, was lebt,
lobe den Herrn!
Halleluja!

nach Psalm 150

JOSUA

Woher Josua seinen Mut nahm

Dies ist die Geschichte von Josua,
dem jungen Freund Moses.
Josua war ein mutiger Mann,
mutiger als alle anderen Israeliten.
Auf ihn konnte sich Mose
immer verlassen.
Josua fürchtete keine Gefahr.
Und wenn die Israeliten
auf dem Weg durch die Wüste
jammerten und klagten,
dann machte ihnen Josua Mut.

Einmal rief Mose
Josua und seinen Freund Kaleb
mit zehn anderen Männern zu sich
und sagte zu ihnen:
„Bald sind wir am Ziel.
Seht ihr die Berge dort drüben?
Dahinter liegt das Land Kanaan.
Das ist das Land,
das Gott uns versprochen hat.
Dort werden wir einmal wohnen.
Darum macht euch auf!
Zieht über die Berge
und seht euch das Land genau an!
Seht, was dort wächst
und was für Menschen dort leben!
Danach kommt wieder zurück
und erzählt uns,
was ihr entdeckt habt!"

Da zogen die zwölf Männer los
und blieben lange Zeit weg.
Nach vielen Tagen
kehrten sie wieder zurück.
Aber wie staunten die Israeliten,
als sie die Männer sahen!
In ihren Händen hielten sie
grüne Feigen und rote Granatäpfel.
Und auf ihren Schultern
trugen sie eine lange Stange,
daran hing eine riesige Traube.
Den Leuten lief das Wasser
im Munde zusammen.
„Seht nur!", riefen die Männer.
„Solche köstlichen Früchte
wachsen im Land Kanaan.
Es ist wirklich ein herrliches Land.
Aber glaubt ja nicht,
dass wir das Land bekommen!
Denn die Menschen sind dort
viel größer und stärker als wir.
Und sie wohnen in Städten
mit dicken Mauern und Türmen."

„Was?", schrien die Leute entsetzt.
„In dieses Land wollen wir nicht.
Lieber sterben wir hier in der Wüste.
Oder wir gehen nach Ägypten zurück."
Aber Kaleb rief: „Nein! Tut es nicht!
Glaubt mir! Das Land ist sehr gut."

Hallo! Weißt du, warum ich mich so freue?
Ich habe eine Überraschung mitgebracht.
Du wirst staunen, wenn du sie siehst!
Ich heiße Josua, das bedeutet: „Gott hilft".
Hör, wie Gott mir geholfen hat!

„Nein!", fiel auch Josua ein.
„Habt keine Angst!
Gott wird uns helfen.
Er wird uns in das Land bringen,
wie er versprochen hat."
Aber die anderen Männer
schrien noch viel lauter:
„Nein, nein! Hört nicht auf sie!"
Und schon stürzten sie sich
auf Josua und Kaleb
und wollten sie töten.

Da sprach Gott zu Mose:
„Dieses Volk will nicht
in das Land hineingehen?
Dann soll es so sein!
Vierzig Jahre muss es
in der Wüste bleiben.
Nur Josua und sein Freund Kaleb
sollen in das Land hineinkommen,
weil sie mir vertraut haben."

So mussten die Israeliten
wieder in die Wüste zurück,
wo es keine Früchte gab
und auch kein festes Haus,
nur Steine und Sand.
Vierzig Jahre lang
blieben sie in der Wüste
wie Gott gesagt hatte.

Danach war es endlich so weit.
Mose sagte zu Josua:
„Jetzt ist es Zeit.
Du sollst das Volk
in das Land Kanaan führen.
Denn ich bin zu alt
und werde bald sterben.
Hab nur keine Angst!
Sei mutig und stark!
Gott wird dir helfen."

Bald darauf starb Mose.
Da sprach Gott zu Josua:
„Nun zieht in das Land ein.
Ich will es euch geben.
Hab nur Mut, Josua!
Ich bin mit dir und helfe dir.
Ich lasse dich nicht allein."

Da schöpfte Josua Mut
und zog mit den Israeliten
in das Land Kanaan ein.
Dort bauten sie Häuser
und legten Gärten und Felder an.
Endlich wohnten die Israeliten
in ihrem eigenen Land.
Gott hatte es ihnen gegeben.

4. Mose 31f/5. Mose 31

RUT UND NAOMI
Wie Rut ein neues Zuhause fand

Im Land Israel liegt Bethlehem,
eine kleine Stadt in den Bergen.
Dort wohnte damals ein Bauer
mit seiner Frau Naomi
und ihren beiden Söhnen.
Sie lebten in ihrem Haus
glücklich und zufrieden
und hatten immer genug zu essen.

Aber in einem Jahr blieb der Regen aus.
Das Korn auf den Feldern verdorrte.
In ganz Bethlehem gab es
kein Mehl und kein Brot mehr.
Da sagte der Bauer zu seiner Frau:
„Wir können nicht länger hier bleiben.
Sonst verhungern wir alle.
Komm, wir gehen in ein anderes Land!"
Und sie packten alles zusammen
und zogen mit ihren Söhnen
in das Nachbarland Moab.
Dort blieben sie viele Jahre,
bis ihre Söhne groß waren.
Und als die Zeit kam,
heirateten die beiden Söhne
zwei Frauen aus dem Land Moab,
Rut und Orpa mit Namen.

Aber eines Tages starb der Vater.
Und nicht lange danach
starben auch beide Söhne.

Nun waren die drei Frauen allein.
Und es gab niemanden, der für sie sorgte.

Da sagte Naomi zu Orpa und Rut:
„Ich will wieder in meine Heimat zurück.
Aber ich bitte euch: Geht nicht mit mir!
Denn in Bethlehem seid ihr fremd.
Und ich kann dort nicht für euch sorgen."
Darauf nahm Orpa traurig Abschied.
Rut aber blieb bei Naomi.
„Nein", sagte sie, „ich bleibe bei dir.
Ich lasse dich nicht allein.
Wo du hingehst,
da will ich auch sein.
Dein Volk ist auch mein Volk.
Und dein Gott ist auch mein Gott."
So gingen die beiden miteinander.

Als sie nach Bethlehem kamen,
liefen alle Leute zusammen.
Sie starrten die beiden an
und fragten erschrocken:
„Ist das Naomi?
Wie alt ist sie geworden!
Wo ist ihr Mann
und wo sind ihre Söhne geblieben?"
„Ja", sagte Naomi traurig.
„Ich bin wirklich Naomi.
Reich zog ich damals weg.
Doch nun bin ich arm.

Siehst du das helle Haus? Hier wohnt ein Bauer mit seiner Familie. Aber warum steht das Haus leer? Wo ist der Bauer? Wo ist seine Familie? Hör, was aus ihnen geworden ist!

Mein Mann und meine Söhne sind tot."
Danach ging sie mit Rut in ihr Haus.
Aber das Haus war leer.
Im ganzen Haus gab es kein Brot mehr.

Da sagte Rut zu Naomi:
„Es ist gerade Erntezeit.
Ich will auf die Felder gehen
und für uns Kornähren sammeln."
Gleich am nächsten Morgen
ging sie aufs Feld hinaus
und sammelte alle Kornähren auf,
die auf der Erde herumlagen.
Den ganzen Tag bückte sie sich
und schaute nicht auf.

Doch plötzlich stand ein Mann vor ihr.
Erschrocken blickte Rut auf.
Es war Boas, der Bauer,
dem das Feld gehörte.
„Sei gegrüßt!", sagte er freundlich.
Rut aber fragte erstaunt:
„Warum bist du so freundlich zu mir?
Ich bin doch ganz fremd hier."
Aber Boas antwortete ihr:
„Ich habe gehört,
was du für Naomi getan hast.
Du hast alles zurückgelassen,
dein Haus, dein Land und deine Familie,
und bist hierher gekommen.
Gott schenke dir,
dass du hier ein neues Zuhause findest."

Von diesem Tag an blieb Rut immer
auf den Feldern, die Boas gehörten.
Jeden Tag sammelte sie dort
einen Strauß voller Kornähren
und machte daraus Mehl und Brot.
Es war nicht viel, aber genug.
Als aber die Erntezeit vorüber war,
holte sie Boas zu sich in sein Haus.
Und Rut wurde seine Frau.

Nun hatte Rut endlich
ein neues Zuhause gefunden.
Von nun an musste sie nie mehr
auf den Feldern Ähren aufsammeln.
Boas säte und erntete so viel,
dass immer für alle genug da war.
Und als wieder die Erntezeit kam,
hatten Rut und Boas einen Sohn!
Da war die Freude in Bethlehem groß.
Alle freuten sich mit Naomi und Rut,
dass Gott ihnen ein neues Zuhause
und eine neue Familie geschenkt hatte.

Rut 1-4

SAMUEL

Wie ein kleiner Junge zu seinem Namen kam

Damals lebte in Israel eine Frau
mit Namen Hanna,
die wünschte sich sehnlich ein Kind.
Jedes Jahr ging sie mit ihrem Mann
zum Haus Gottes nach Silo.
Und jedes Jahr betete sie dort:
„Lieber Gott, schenk mir bitte ein Kind!
Ich will es auch nicht für mich behalten.
Dein Kind soll es sein.
Dir soll es für immer gehören."

Eines Tages ging Hanna
wieder zum Haus Gottes.
Dort saß der alte Priester Eli am Tor.
Hanna aber warf sich
vor dem Tor auf die Erde,
weinte und betete leise.
Sicher hat sie zu viel getrunken!,
dachte der Priester.
Und er fuhr Hanna an:
„Frau, du bist ja betrunken!
Spuck deinen Wein aus!"
„Aber nein!", erwiderte Hanna.
„Ich bin nicht betrunken.
Ich habe nur einen heimlichen Kummer.
Den habe ich Gott erzählt."

Da horchte der Priester auf.
Und er sagte freundlich zu Hanna:
„Sei nicht betrübt!
Geh in Frieden nach Hause!
Gott hat dein Gebet erhört."

Und so geschah es:
Als ein Jahr um war,
hatte Hanna einen Sohn.
„Gott hat mein Gebet erhört!",
rief Hanna voll Freude.
Und sie nannte ihr Kind Samuel.
Das heißt: „Gott hat erhört."

Drei Jahre blieb Samuel
bei seiner Mutter.
Danach brachte sie ihn
zu dem Priester Eli und sagte:
„Gott hat mein Gebet erhört.
Das ist das Kind,
das Gott mir geschenkt hat.
Nun soll es für immer Gott gehören
und ein Diener Gottes werden wie du."

So blieb Samuel im Haus Gottes.
Eli sorgte wie ein Vater für ihn.
Und jedes Jahr besuchte ihn seine Mutter
und brachte ihm ein neues Kleid.

Eines Tages aber
geschah etwas Unglaubliches.
Es war Nacht.
Samuel schlief im Haus Gottes.

Kennst du den kleinen Jungen?
Er hat gerade
eine aufregende Nachricht bekommen.
Davon muss er dir unbedingt erzählen.
Weißt du auch, wie dieser Junge heißt?
Und weißt du, warum er so heißt?

Doch plötzlich – rief da nicht jemand?
„Samuel! Samuel!"
Samuel fuhr hoch.
Wer war das? Wer hatte ihn gerufen?
Schnell stand er auf, lief zu Eli und sagte:
„Hier bin ich. Du hast mich gerufen."
„Aber nein!" Eli schüttelte den Kopf.
„Ich habe dich nicht gerufen.
Leg dich nur wieder hin und schlaf!"

Aber nicht lange danach
hörte Samuel wieder ganz deutlich:
„Samuel! Samuel!"
Samuel fuhr hoch.
Er lief zu Eli und sagte:
„Hier bin ich. Du hast mich gerufen."
„Nein, nein!", antwortete Eli.
„Ich habe dich nicht gerufen.
Leg dich nur wieder hin und schlaf!"

Aber es dauerte nicht lange,
da hörte Samuel wieder ganz deutlich:
„Samuel! Samuel!"
Und wieder stand Samuel auf,
lief zu Eli und sagte:
„Hier bin ich. Du hast mich gerufen."

Da merkte Eli, wer ihn gerufen hatte.
Und er sagte zu Samuel:
„Leg dich nur wieder hin und schlaf!

Aber wenn du noch einmal gerufen wirst,
dann antworte laut:
‚Rede, Herr! Denn dein Diener hört.'"

Nun ahnte auch Samuel,
wer ihn gerufen hatte:
Wach lag er da und lauschte.
Da – auf einmal hörte er wieder:
„Samuel! Samuel!"
„Ja, Herr!", sagte Samuel.
„Rede! Denn dein Diener hört."

Da sprach Gott zu Samuel:
„Bald kommt ein großes Unglück
über das ganze Land.
Das Haus Gottes wird zerstört.
Und es wird keinen Priester mehr geben.
Aber du sollst mein Diener sein.
Geh zu den Menschen
und sag ihnen alles,
was ich dir sagen werde."

So wurde Samuel ein Diener Gottes.
Sein Leben lang hörte er auf Gott
und ermahnte die Menschen,
dass auch sie auf Gott hörten.
Und Gott war mit Samuel,
solange er lebte.

1. Samuel 1-7

DAVID

Wie aus einem Hirtenjungen ein König wurde

Vor langer Zeit lebte in Bethlehem
ein junger Hirte, der hieß David.
David hatte sieben große Brüder,
aber David war der mutigste von allen.
Jeden Tag war er draußen
auf der Weide bei seinen Schafen.
Oft war er dort ganz allein.
Doch David hatte keine Angst.

Einmal schlich sich ein Löwe
an seine Schafe heran.
Doch David stürzte sich auf ihn
und schlug auf ihn ein, bis er tot war.
Ein anderes Mal trottete sogar
ein riesiger Bär an.
Doch David lief ihm mutig entgegen
und verjagte ihn mit seinem Stock.
Und wenn die Schafe unruhig wurden,
griff David zu seiner Harfe
und sang ein Lied.
Dann wurden seine Schafe ruhig.
Und auch David wurde ganz ruhig.
Gott war sein Hirte und beschützte ihn.

Eines Tages aber fielen Feinde
in das Land Israel ein.
Da rief der König eilig
alle Israeliten zusammen
und zog mit ihnen in den Kampf.
Auch Davids Brüder waren dabei.
Aber keiner von ihnen wagte zu kämpfen.

Denn unter den Feinden
war ein Soldat namens Goliat,
der war so groß wie ein Baum
und so stark wie ein Löwe.
Er trug einen blitzenden Helm
und einen Panzer aus Erz.
Sein Spieß war so lang
und sein Schwert war so scharf,
dass alle vor ihm zitterten.
Jeden Tag stellte sich Goliat
vor ihnen auf, riesig und breit.
Und jeden Tag brüllte er:
„He, ihr Feiglinge!
Kommt doch und kämpft mit mir!
Warum traut ihr euch nicht?
Hilft euch euer Gott nicht mehr?"

Da kam David,
um nach seinen Brüdern zu sehen.
Als er hörte, wie Goliat brüllte,
fragte er seine Brüder erschrocken:
„Wer schreit da so laut?
Wer ist dieser Mann?"
Die sagten: „Das ist der Riese Goliat.
Kein anderer kann so kämpfen wie er."
„Und wenn ich mit ihm kämpfe?", fragte David.
Aber sein großer Bruder herrschte ihn an:
„Was fällt dir ein?
Du hast hier gar nichts verloren!"
Doch David hörte nicht auf ihn.

*Das ist David, der junge Hirte David.
Noch sieht man ihm nicht an,
dass er einmal ganz berühmt wird.
Aber David lächelt so geheimnisvoll.
Ob er ahnt, was später aus ihm wird?
Du wirst ihn kaum wiedererkennen.*

Da führten sie David zum König.
Der saß in seinem Zelt
und ließ den Kopf hängen.
„Nur Mut!", rief David ihm zu.
„Ich will mit Goliat kämpfen."
Aber der König sah ihn ungläubig an.
„Unmöglich! Du bist viel zu jung!
Goliat aber ist ein erfahrener Krieger."
„Gott wird mir helfen", erwiderte David.
„Gut, dann geh!", sagte der König.
„Aber nimm meinen Helm
und mein Schwert."
Doch David nahm beides nicht an.
Er nahm nur seinen Hirtenstab
und seine Steinschleuder mit sich
und steckte fünf Steine in seine Tasche.
So ging er Goliat entgegen.

Als aber Goliat David kommen sah,
lachte er, dass es dröhnte.
Er brüllte: „He, du Wicht!
„Was willst du mit deinem Stock?
Komm her, Kleiner!
Dich mache ich fertig!"
Doch David rief ihm mutig entgegen:
„Du kommst zu mir
mit Schwert, Lanze und Spieß.
Aber ich komme zu dir im Namen Gottes,
den du verspottet hast.
Gott wird mir helfen."

Blitzschnell schwang er seine Schleuder –
und schon sauste der Stein durch die Luft
und traf den Riesen genau an der Stirn.
Goliat schrie auf, schwankte und fiel um.
Da lag er nun, der riesige Goliat,
und rührte sich nicht mehr.

Als die Feinde das sahen,
flohen sie über alle Berge.
Die Israeliten aber kehrten heim
und erzählten allen,
was Gott durch David getan hatte.

Von diesem Tag an war David
im ganzen Land bekannt.
Und Jonatan, der Sohn des Königs,
wurde sein bester Freund.
Viele Jahre danach wurde David
König in Jerusalem.
Er sorgte für sein Volk
wie ein guter Hirte.
Aber auch als König vergaß David nie,
wer der wahre König und Hirte war
und wer ihn in allen Gefahren bewahrt hatte.

1. Samuel 17-18

JONA

Warum Jona sich versteckt hat

Weit, weit im Osten,
dort, wo die Sonne aufgeht,
stand einst eine große Stadt,
die hieß Ninive.
Sie hatte hohe Mauern und Türme.
Und mittendrin stand ein prächtiges Schloss.
Dort wohnte ein mächtiger König,
der regierte über ein riesiges Volk.
Aber die Menschen in Ninive
hörten nicht auf Gott.
Sie lebten in Saus und Braus
und kümmerten sich nicht
um die Armen.

Zu dieser Zeit lebte im Land Israel
ein Mann namens Jona.
Eines Tages sprach Gott zu ihm:
„Auf, Jona, geh nach Ninive!
Denn dort geht es schlimm zu.
Warne die Menschen und sag ihnen:
‚Bald geht eure Stadt unter.'"
Aber Jona dachte bei sich:
Nach Ninive?
Nein, da geh ich nicht hin!
Lieber lauf ich ans Ende der Welt.
Dort sieht mich Gott nicht.
Und sogleich stand er auf
und rannte davon.
Er lief und lief, immer weiter,
bis er an das große Meer kam.

Dort lag ein Schiff im Hafen.
Jona bat den Kapitän:
„Darf ich mit euch fahren?"
Er zahlte den Fahrpreis,
stieg in das Schiff
und versteckte sich ganz unten
zwischen lauter Kästen und Kisten.
Denn Jona dachte bei sich:
Hier kann Gott mich nicht finden.

Doch plötzlich kam ein Sturm auf.
Der Himmel wurde ganz schwarz.
Die Segel rissen mitten entzwei.
Und haushohe Wellen
schlugen ins Schiff.
Die Matrosen schrien vor Angst.
Doch Jona lag immer noch
unten im Schiff und schlief tief.

Da lief der Kapitän zu Jona,
rüttelte ihn wach und rief:
„Wie kannst du jetzt schlafen?
Siehst du nicht?
Wir gehen gleich unter!
Auf, bete zu deinem Gott.
Vielleicht kann der uns noch helfen."

Aber der Sturm ließ nicht nach.
Da sagten sich die Matrosen:
Sicher hat jemand von uns

Was mag das wohl sein?
Es ist die kleinste Höhle der Welt!
In dieser Höhle ist es glitschig und eng.
Und wer sitzt da in der Höhle?
Kennst du ihn?
Und weißt du, warum er dort sitzt?

etwas Schlimmes verbrochen.
Und sie fragten Jona:
„Sag, bist du schuld an dem Sturm?"

„Ja", gestand Jona, „ich bin es."
„Aber wer bist du?", fragten sie ihn.
„Woher kommst du?
Was hast du verbrochen?"
Jona antwortete:
„Ich komme aus dem Land Israel,
und ich glaube an Gott,
der den Himmel, die Erde
und das Meer gemacht hat.
Ich bin vor ihm weggelaufen
und habe mich vor ihm versteckt.
Aber Gott hat mich gefunden."

Da fragten sie Jona:
„Was sollen wir mit dir machen?"
Jona schlug vor:
„Werft mich ins Meer!
Dann hört der Sturm auf."
Da warfen sie Jona ins Wasser.
Und siehe da! Der Sturm hörte auf.

Aber was wurde aus Jona?
Er sank und sank immer tiefer.
Da kam plötzlich ein riesiger Fisch,
der riss sein riesiges Maul auf
und verschlang Jona mit Haut und Haar.

Da saß Jona nun im Bauch des Fisches,
zitternd vor Kälte und nass.
Es war glitschig und eng in der Höhle,
aber Jona war gerettet!
Erleichtert dankte er Gott
und sang ihm ein Lied.
Der Fisch aber trug Jona zurück
und spuckte ihn am Strand aus.

Und wieder sprach Gott zu Jona:
„Auf, Jona! Geh nun nach Ninive
und sage den Menschen dort,
dass sie auf mich hören."
Da wusste Jona:
Gott hatte ihn nicht vergessen.
Er durfte sein Bote bleiben.
Sogleich machte er sich auf den Weg
und wanderte nach Ninive
und verkündete den Menschen dort,
was Gott ihm gesagt hatte.
Und das Wunder geschah:
Der König hörte auf Gott.
Und Gott erhielt ihn am Leben
mit allen, die in Ninive lebten.

Jona 1-4

DANIEL

Wie Daniel in große Gefahr kam

Im fernen Land Babylon
lebte damals Daniel,
ein kluger und weiser Mann.
Daniel war klüger und weiser
als alle anderen Gelehrten im Land.
Alle Menschen in Babylon
bewunderten seine Weisheit.
Aber nur wenige Menschen
kannten sein Geheimnis:
Daniel betete jeden Tag.
Morgens, mittags und abends
sprach er mit seinem Gott
und bat ihn um Rat und Hilfe.

Es dauerte nicht lange,
da merkte auch der König,
wie klug und wie weise Daniel war.
Darum beschloss er,
ihn über alle seine Minister zu setzen.

Aber die Minister waren empört.
„Warum gerade Daniel?",
fragten sie neidisch.
„Wir wollen nicht,
dass Daniel über uns herrscht."
Und sie beschlossen,
Daniel in eine Falle zu locken.
Sie eilten zum König,
verneigten sich tief
und sprachen: „O großer König!

Du bist der Größte von allen,
so groß wie ein Gott.
Darum soll dich alle Welt
wie einen Gott ehren.
Dreißig Tage lang soll niemand
zu einem anderen Gott beten.
Aber wer sich nicht daran hält,
wird in die Löwengrube geworfen."

„Gut!", meinte der König.
„Euer Plan gefällt mir."
Und sogleich schickte er seine Boten
in alle Städte und Dörfer
und ließ überall ausrufen:
„So befiehlt euer König:
Dreißig Tage lang sollt ihr
zu keinem anderen Gott beten.
Nur mich sollt ihr bitten.
Und wer nicht gehorcht,
wird in die Löwengrube geworfen."

Da schlichen sich die Minister
heimlich zu Daniels Haus.
Dort betete Daniel,
wie immer am offenen Fenster.
Laut lobte und dankte er Gott.
Schnell liefen die Minister zum König
und riefen: „O großer König!
Daniel, dein höchster Minister,
hört nicht auf dein Gebot.

Daniel, was siehst du?
Warum reißt du deine Augen so weit auf?
Wer jagt dir so einen Schrecken ein?
Warum kannst du nicht schlafen,
obwohl es doch Nacht ist?
Daniel, denk daran: Du bist nicht allein!

Er betet dreimal am Tag
zu seinem Gott.
Darum muss Daniel sterben.
Die Löwen sollen ihn fressen."

„Nein!", rief der König entsetzt.
„Daniel darf nicht sterben.
Er hat nichts Böses getan."
Aber die Minister gaben nicht auf.
„Der König hat es befohlen.
Also muss es auch sein."
Sie drängten so lange,
bis endlich der König nachgab.
Er ließ Daniel rufen.
„Daniel", meinte er traurig,
„Ich kann dich nicht retten.
Nur dein Gott kann es noch tun."
Dann winkte er seinen Soldaten.
Die packten Daniel und warfen ihn
zu den Löwen in die Grube.

Danach wurde es Nacht.
Aber der König fand keinen Schlaf.
Er aß nichts und trank nichts.
Die ganze Nacht saß er da
und dachte an Daniel.
Als aber der Morgen anbrach,
eilte er zur Löwengrube
in den Garten hinaus.
Und voller Angst rief er
in die Grube hinab: „Daniel!
Du Diener des lebendigen Gottes!
Hat dich dein Gott, dem du dienst,
auch vor den Löwen gerettet?"

Da hörte der König von unten:
„Ja, großer König!
Gott hat mich gerettet.
Er hat seinen Engel geschickt.
Der hat den Löwen
das Maul zugehalten.
Sie haben mir nichts getan."

Wie froh war der König,
als er Daniels Stimme hörte!
Schnell ließ er Daniel
aus der Grube holen.
Und voll Staunen sah er:
Daniel hatte keine einzige Wunde!

Darauf ließ der König
im ganzen Königreich ausrufen:
„Ehrt alle Daniels Gott!
Denn er ist ein lebendiger Gott.
Er rettet und hilft."

Daniel 1-6

DAS NEUE TESTAMENT

Dies ist die schönste Geschichte aller Zeiten.
Ganz leise und heimlich beginnt diese Geschichte.
Mit einem kleinen Kind, das geboren wurde
in einem entlegenen Winkel der Welt.
Und doch war dieses Kind größer
als alle Großen dieser Welt.
Denn dieses Kind kam von Gott.
Und mit ihm kam Gott in unsere Welt.

Willst du wissen,
wie diese schönste aller Geschichten begann?
Und willst du auch wissen,
warum dieses Kind den Namen JESUS bekam?

MARIA

Warum ihr Kind den Namen JESUS bekam

Vor langer Zeit
lebte im Land Israel
ein König, der hieß Herodes.
Herodes war ein mächtiger König.
Er wohnte in Jerusalem
in einem prächtigen Palast
und hatte viele Diener
und viele Wächter,
die seinen Palast bewachten.
Aber Herodes war grausam.
Wer ihm nicht passte,
den steckte er ins Gefängnis
oder ließ er töten.
Alle Menschen im Land
fürchteten sich vor ihm.
Niemand durfte laut sagen,
was er über Herodes dachte.
Aber heimlich beteten viele:
„Ach Gott, bitte,
gib uns einen neuen König,
einen König,
der uns rettet und hilft!"
Und sie glaubten gewiss:
Eines Tages würde er kommen,
Aber wer würde es sein?
Niemand wusste es.
Noch niemand.

Zu dieser Zeit lebte in Israel
eine junge Frau, die hieß Maria.

Sie war verlobt mit Josef,
der war ein Zimmermann.
Maria und Josef
wohnten in Nazareth,
einer kleinen Stadt.
Dort gab es keinen Palast,
nur Hütten und kleine Häuser.
Dort hatte auch noch nie
ein König gewohnt.
Nur einfache Leute
wohnten in Nazareth,
Leute wie Maria und Josef.

Doch eines Tages geschah
dort etwas Unglaubliches.
Maria saß in ihrem Haus.
Plötzlich – was war das?
Maria fuhr hoch.
Ein Mann stand vor ihr.
Der sprach sie freundlich an:
„Sei gegrüßt, Maria!
Freu dich!
Gott hat dich gesegnet."

Wie?, dachte Maria erschrocken.
Ich soll gesegnet sein?
Sie sah den Mann fragend an.
Der aber sprach zu ihr:
„Fürchte dich nicht, Maria!
Denn du wirst schwanger werden

*Sieh dir diese Frau an!
Sie ist noch sehr jung,
fast noch ein Mädchen.
Warum lächelt sie so geheimnisvoll?
Sie sieht aus, als hätte sie gerade
eine große Überraschung erlebt.
Ob du ihr Geheimnis errätst?*

und einen Sohn bekommen.
Der wird einmal ganz groß werden.
Er wird ein König sein,
der über die ganze Welt regiert.
Er ist der König,
den Gott zu euch schickt:
der König,
der euch rettet und hilft.
Darum sollst du ihn JESUS nennen.
Denn Jesus bedeutet: ‚Gott hilft'."

Maria war ganz verwirrt.
Sie stammelte:
„Aber wie soll das zugehen?
Wer soll denn der Vater
des Kindes sein?"

Der Mann antwortete:
„Gott wird sein Vater sein.
Darum wird dein Kind
auch Gottes Sohn heißen.
Denn bei Gott ist nichts unmöglich."

Da ahnte Maria,
wer zu ihr gekommen war:
Gott hatte seinen Engel
zu ihr geschickt.
Der hatte ihr
die wunderbare Nachricht gebracht.

„Ich bin bereit", sagte Maria leise.
„Wie du es gesagt hast,
so soll es geschehen."
Und voller Freude
sang sie ein Loblied,
so hell und so klar,
dass alle sich wunderten,
was wohl mit Maria geschehen war.

Lukas 1,26-55

Dies ist das Lied, das Maria sang,
als der Engel Gabriel zu ihr kam
und ihr die gute Nachricht brachte:

> *„Ich lobe meinen Gott,
> denn er hat Großes an mir getan!
> Die Kleinen macht er ganz groß
> und die Großen ganz klein.
> Wie er versprochen hat,
> so trifft es auch ein."*

DAS KIND IN DER KRIPPE
Was damals in Bethlehem geschah

Bald war es so weit:
Jesus, der König
und Retter der Welt, wurde geboren.
Aber nicht in einem Königspalast
kam Jesus zur Welt.
Auch nicht in Nazareth
im Haus seiner Mutter.
Es kam alles ganz anders.
Denn damals regierte
ein anderer über die Welt:
der römische Kaiser Augustus.
Der war noch viel mächtiger
als König Herodes.
Er hatte seine Soldaten
in vielen Ländern der Welt.
Und alle Menschen mussten tun,
was der römische Kaiser befahl.

Eines Tages sagte Kaiser Augustus:
„Ich will doch wissen,
wie mächtig ich bin
und wie viele Menschen
in meinem Reich leben."
So schickte er seine Boten
in alle Länder und Städte.
Auch nach Nazareth
schickte er seinen Boten,
der lief durch alle Straßen
und rief in alle Häuser hinein:
„Ihr Leute, hört her!

Der große Kaiser Augustus will,
dass ihr gezählt werdet.
Darum befiehlt er:
Macht euch auf!
Geht an den Ort,
wo ihr geboren seid,
und lasst euch dort zählen!"

Als Josef das hörte, erschrak er.
Denn Josef stammte aus Bethlehem,
wo auch David geboren war.
Doch Bethlehem war weit weg.
Und Maria war schwanger.
Wie sollte Maria
den weiten Weg schaffen?
Aber der Kaiser hatte es befohlen.
Also mussten sie gehen.

Da machte sich Josef auf
mit Maria, seiner Verlobten,
und zog nach Bethlehem,
wie der Kaiser befohlen hatte.
Nach vielen Tagen kamen
die beiden endlich dort an.
Aber wo sollten sie
nun unterkommen?
Sie suchten die ganze Stadt ab
und fragten in jedem Haus.
Aber nirgendwo fanden sie
einen Platz zum Schlafen.

*Dieses Haus steht in Bethlehem
und ist ein ganz besonderes Haus.
Siehst du den Stall an der Seite?
Dort ist es ganz hell,
obwohl doch schon Mitternacht ist.
Wer mag wohl in diesem Stall sein?*

Maria spürte:
Bald würde das Kind
zur Welt kommen,
von dem der Engel geredet hatte,
noch in dieser Nacht.
Gab es denn für dieses Kind
keinen Raum in der Stadt?

Endlich fanden sie einen Stall.
Stroh lag auf der Erde
und eine Futterkrippe
stand an der Wand.
Maria und Josef
gingen hinein,
legten sich auf das Stroh,
und da geschah es:
In diesem Stall,
mitten in der Nacht,
kam das Kind zur Welt,
von dem der Engel geredet hatte.

Maria wickelte es in Windeln
und legte es in die Krippe.

Da lag es nun,
ein winziges Kind.
Es sah aus
wie jedes neugeborene Kind.
Und doch war es
ein besonderes Kind:
der König und Retter,
auf den alle
sehnsüchtig warteten.

Noch war es ein Geheimnis.
Niemand in Bethlehem ahnte,
was in dieser Nacht geschehen war.
Aber bald sollten es alle erfahren:
Jesus, der Retter der Welt,
war geboren.

Lukas 2,1-7

Freuet euch! Freuet euch!
Der König ist da.
Heut' ist er geboren.
Singt Halleluja!

Freuet euch! Freuet euch!
Der König ist da.
Er liegt in der Krippe.
Singt Halleluja!

Freuet euch! Freuet euch!
Der König ist da.
Sein Name ist Jesus.
Singt Halleluja!

Freuet euch! Freuet euch!
Der König ist da.
Er bringt uns den Frieden.
Singt Halleluja!

DIE HIRTEN
Wer zuerst die gute Nachricht erfuhr

Es war Nacht.
In Bethlehem schliefen
die Menschen in ihren Häusern.
Aber draußen vor der Stadt
wachten die Hirten
bei ihren Schafen.
Sie saßen am Feuer
und wärmten sich.
Ganz dunkel war es um sie her.
Nur das Feuer flackerte hell.

Aber plötzlich – was war das?
Die Hirten zuckten zusammen.
Über ihnen war es auf einmal
ganz hell, taghell,
noch viel heller als die Sonne.
Und in dem Licht
erschien auf einmal ein Engel.

Erschrocken schlugen die Hirten
ihre Hände vor das Gesicht.
Sie zitterten vor Angst.
Aber der Engel sprach zu ihnen:
„Fürchtet euch nicht!
Denn ich verkündige euch
eine große Freude.
Euch ist heute der Heiland geboren,
der König und Retter der Welt.
Hier in Bethlehem ist er geboren.
Da werdet ihr ihn finden.

Er liegt in einer Krippe
und ist in Windeln gewickelt."

Die Hirten wussten nicht,
wie ihnen geschah.
Wachten sie oder träumten sie?
Doch als sie aufschauten,
da trauten sie ihren Augen nicht.
Hoch oben am Himmel
schwebten viele tausend Engel,
die jubelten und sangen:

*„Ehre sei Gott in der Höhe
und Friede auf Erden."*

Die ganze Luft war erfüllt
von ihrem Gesang.
Das war ein Singen und Klingen,
wie es die Hirten
noch nie gehört hatten.
Mit offenem Mund standen sie da,
lauschten und starrten zum Himmel,
bis der letzte Ton verklungen war.

Auf einmal war es auf dem Hirtenfeld
wieder ganz dunkel und still.
Aber die Hirten riefen:
„Habt ihr gehört?
Der König ist da!
Der Retter, auf den wir warten.

Siehst du die beiden Schafe?
Sie sind hellwach,
obwohl es doch Nacht ist.
Ob ihnen wohl jemand verraten hat,
was in dieser Nacht geschehen ist?

Hier in Bethlehem ist er geboren,
heute, in dieser Nacht!
Kommt, wir laufen nach Bethlehem
und suchen das Kind!"

Und schon liefen sie los.
Sie rannten über Wiesen und Felder
und machten nicht halt,
bis sie in Bethlehem waren.
Atemlos liefen sie
durch die stillen Gassen der Stadt.
Vor einer kleinen Tür hielten sie an.
Ein Lichtstrahl drang durch die Tür.
Die Hirten klopften an,
öffneten leise die Tür –
und da sahen sie das Kind!
Es war in Windeln gewickelt
und lag in einer Futterkrippe,
wie der Engel gesagt hatte.
Still standen die Hirten da
und staunten das Kind an.
Dann erzählten sie Maria und Josef,
was ihnen der Engel
von diesem Kind gesagt hatte.
Maria aber hörte ihnen still zu.
Und sie dachte im Stillen daran,
was auch ihr der Engel gesagt hatte.

Danach eilten die Hirten hinaus.
Sie liefen durch alle Straßen
und riefen es in alle Häuser hinein:
„Freut euch, ihr Leute!
Der Retter ist da, der König,
den Gott uns geschickt hat.
Hier in Bethlehem ist er geboren.
Wir haben ihn selber gesehen."

Und voller Freude stimmten sie
miteinander ein Loblied an.
Sie sangen ihr Lied
so laut und so fröhlich,
dass es durch alle Straßen schallte.
Immer und immer wieder
stimmten sie ihr Lied an,
bis die ganze Stadt
von ihrem Gesang erfüllt war.

Und als sie endlich wieder
bei ihren Schafen waren,
klang ihr Lied immer noch
über die Wiesen und Felder:

„Ehre sei Gott in der Höhe
und Friede auf Erden."

Lukas 2,8-20

DIE STERNDEUTER
Wie sie das Kind suchten und fanden

Jesus war geboren.
Aber in Jerusalem herrschte
immer noch König Herodes
in seinem Palast.
Und immer noch seufzten alle:
„Wann kommt endlich der König,
den Gott zu uns schickt?"

Da meldete sich eines Tages
hoher Besuch in der Stadt an.
Fremde in prächtigen Kleidern
kamen auf hohen Kamelen geritten,
mit reichen Geschenken beladen.
Wie Könige sahen sie aus
und trugen doch keine Krone.

Als sie durch das große Tor ritten,
liefen ihnen die Leute entgegen
und staunten sie an.
„Wer seid ihr?", fragten sie.
„Woher kommt ihr?
Und was sucht ihr hier?"

Die Fremden antworteten:
„Wir sind Sterndeuter
und kommen von weit her.
Wir haben einen neuen Stern
am Himmel entdeckt.
Der sagt uns: In diesem Land
ist ein neuer König geboren.

Könnt ihr uns sagen,
wo wir ihn finden?"

Aber die Leute
sahen sich erschrocken an.
Wie? Einen neuen König
suchten die Fremden?
Was würde Herodes sagen,
wenn er das hörte?
Schnell lief ein Bote zum Königspalast
und meldete König Herodes:
„Fremde sind in der Stadt,
die suchen einen neugeborenen König.
Sie haben seinen Stern
am Himmel entdeckt.
Und sie glauben fest:
In unserem Land ist er geboren."

Als Herodes das hörte
wurde er blass vor Schreck.
„Was?", rief er wütend.
„Ein neugeborener König?
Ich bin der einzige König im Land
und ich will es auch bleiben!"
Aber wenn die Fremden recht hatten?
Wenn wirklich ein König geboren war?
Wenn es gar der Retter war,
auf den alle warteten?
„Ich muss es wissen",
sagte sich Herodes finster.

*Das ist der Stern von Bethlehem.
Von allen Sternen am Himmel
ist dieser Stern der schönste.
Weißt du auch, warum?
Die Sterndeuter wollen es dir erzählen.*

Und sogleich ließ er
alle Gelehrten der Stadt rufen
und befahl ihnen:
„Sagt mir die Wahrheit!
Ihr kennt doch eure Bibel.
Was steht darin über den Retter?
Wo wird er geboren?"
„In Bethlehem", antworteten sie.
„So steht es in unserer Bibel."

Da lud Herodes heimlich
die Sterndeuter in seinen Palast
und sagte listig:
„Ich will euch verraten,
wo ihr das Königskind findet:
in Bethlehem, nicht weit von hier.
Geht dorthin und bringt
dem Kind eure Geschenke!
Aber danach kommt wieder zurück
und sagt mir, wo ich das Kind finde.
Dann will auch ich zu ihm gehen
und ihm mein Geschenk bringen."

Da stiegen die Sterndeuter
wieder auf ihre Kamele
und zogen nach Bethlehem.
Es war bereits Nacht,
als sie dort ankamen.
Am Himmel leuchteten die Sterne.
Doch als die Sterndeuter
zum Himmel aufschauten,
sahen sie auf einmal wieder
den Stern, dem sie gefolgt waren.
Es sah aus, als bliebe der Stern
über einem Haus stehen.
Da wussten die Sterndeuter:
Dies war das Haus, das sie suchten.
Voller Freude ritten sie darauf zu,
stiegen von ihren Kamelen
und gingen hinein.
Da sahen sie das Kind,
das sie so lange gesucht hatten!
Es lag im Arm seiner Mutter,
ein kleines und schwaches Kind.
Und doch war es der König,
vor dem einmal alle Könige
ihre Knie beugen sollten.

Da knieten die Sterndeuter
vor dem Kind nieder
und breiteten ihre Geschenke aus:
ein Kästchen mit Gold,
einen Krug mit duftendem Weihrauch
und eine kostbare Salbe aus Myrrhe.

Still zogen die Sterndeuter
wieder in ihr Land zurück.
Aber Herodes verrieten sie nichts,
kein Sterbenswort.

Matthäus 2,1-12

JESUS IM HAUS DES VATERS

Als Jesus zwölf Jahre alt wurde

Viele Jahre lang lebte Jesus
in der Stadt Nazareth
im Haus seiner Eltern.
Aber einmal im Jahr
gingen Maria und Josef
zum Tempel,
der in Jerusalem stand.
Dort wurde jedes Jahr
das Passafest gefeiert.
Es war das fröhlichste Fest
im ganzen Jahr.
Von allen Seiten
strömten die Menschen
zum Tempel, um miteinander
Passa zu feiern.
Aber Kinder waren nicht dabei.
Auch Jesus nicht.

Doch als Jesus zwölf Jahre alt wurde,
sagten seine Eltern zu ihm:
„Jetzt bist du kein Kind mehr.
Nun darfst du auch mit uns
zum Passafest reisen."
Wie freute sich Jesus darauf!
Voller Erwartung zog er
mit seinen Eltern los.
Auch viele andere zogen mit ihnen,
Freunde und Verwandte,
Nachbarn und Bekannte,
eine große fröhliche Schar.

Viele Tage wanderten sie,
bis sie endlich nach Jerusalem kamen.
Aber wie staunte Jesus,
als er den Tempel sah,
hoch oben auf einem Berg.
Sein Dach glänzte golden in der Sonne.
Voller Freude lief er den Berg hinauf,
ging durch das große Tor
und kam in den Vorhof des Tempels.
Dort waren viele Menschen versammelt.
Sie beteten und sangen Loblieder.
Auch Jesus betete leise.
Er sprach mit seinem Vater im Himmel.
Ganz feierlich war ihm dabei zumute.
Denn hier war das Haus Gottes,
das Haus seines Vaters.
Hier war Jesus zu Hause.

Eine ganze Woche lang wurde gefeiert.
Danach brachen alle wieder auf,
auch Maria und Josef.
Aber auf einmal entdeckten die beiden
mit Schrecken: Jesus war weg!
Sie riefen: „Jesus, wo bist du?"
Sie suchten ihn überall.
Aber Jesus war nirgends zu finden.

Da sagten sich seine Eltern:
„Vielleicht ist er schon
mit Freunden vorausgegangen."

*Das ist Jesus.
Wie alt mag er jetzt sein?
Und mit wem redet er hier?
Hör, was Maria und Josef
mit ihrem Sohn erlebt haben!*

So gingen sie ohne ihn los.
Unterwegs fragten sie alle:
„Habt ihr unseren Sohn gesehen?"
Aber niemand hatte Jesus gesehen.
Auch seine Freunde nicht.

Da packte die Eltern große Angst.
Sie liefen nach Jerusalem zurück
und suchten die ganze Stadt ab.
Sie suchten auf allen Plätzen,
in allen Straßen und Gassen.
Aber Jesus war nirgends zu finden.

Drei Tage lang suchten
Maria und Josef vergeblich.
Zuletzt gingen sie
noch einmal zum Tempel.
Dort saßen nur noch einige Gelehrte
in einer Halle zusammen.
Sie lasen in der Bibel
und tauschten sich darüber aus.
Maria ging auf sie zu.
„Habt ihr Jesus gesehen?",
wollte sie fragen.
Aber auf einmal –
wen entdeckte sie da
mitten unter all den Gelehrten?
Jesus – ihren eigenen Sohn!
Er lauschte, was die Gelehrten sagten,
und stellte selbst Fragen,
so klug und verständig,
dass alle nur staunten.
„Mein Sohn!", rief Maria entsetzt.
„Warum hast du uns das angetan?
Wir haben dich überall gesucht
und uns große Sorgen gemacht."

Doch Jesus fragte erstaunt:
„Warum habt ihr mich gesucht?
Wisst ihr nicht,
dass ich hier sein muss,
im Haus meines Vaters?"
Da spürte Maria: Jesus sprach
von seinem Vater im Himmel.
Sein Sohn war er,
Gottes geliebtes Kind

Da sagte auch Jesus nichts mehr.
Still stand er auf und ging
mit Maria und Josef nach Hause.
Dort blieb er, bis er erwachsen war.
Maria aber bewahrte seine Worte
in ihrem Herzen und hütete sie
wie ein großes Geheimnis.

Lukas 2,41-51

ALS JESUS GROSS WAR …

*Als Jesus groß war,
verließ er Nazareth,
um anderen Menschen zu helfen.
Er wanderte von Ort zu Ort,
bis er zu einem großen See kam,
der „See Genezareth" hieß.
Dort sah er Fischer am Ufer.
Simon und seinen Bruder Andreas
und die Fischerbrüder
Johannes und Jakobus.
Jesus rief ihnen zu:
„Kommt und folgt mir!
Ich mache euch zu meinen Jüngern."*

*Da ließen die Fischer
alles liegen und stehen
und folgten Jesus
und wurden seine Jünger.
Mit ihnen zog Jesus
durch das Land.
Und überall, wohin er kam,
strömten die Menschen zusammen.
Viele von ihnen waren in Not.*

*Andere waren schwer krank
oder hatten ein heimliches Leiden.
Sie sagten sich:
„Uns kann keiner mehr helfen."*

*Aber Jesus sah ihre Not.
Er rief ihnen zu:
„Kommt her zu mir,
ihr bekümmerten Menschen!
Ich will euch helfen."*

*Auch viele Kinder kamen zu ihm.
Jesus winkte sie zu sich,
legte die Hände auf sie
und segnete sie.*

*Da spürten die Menschen:
Jesus war wirklich der Retter,
den Gott zu ihnen gesandt hatte.
Er war gekommen,
um allen Menschen zu helfen,
den Großen
und auch den Kleinen.*

SIMON

Warum Jesus und Simon Freunde wurden

Dies ist die Geschichte von Simon,
der auch Petrus hieß.
Simon war ein Fischer.
Er wohnte mit seiner Familie
am See Genezareth.
Dort lag am Ufer
sein Fischerboot.
Jeden Abend,
wenn es dunkel wurde,
ging Simon mit seinem Bruder
und anderen Fischern zum See,
stieg in sein Boot
und ruderte auf den See hinaus.
Dann warf er sein Fischernetz
in das Wasser und wartete,
bis Fische ins Netz schwammen.
Und wenn es Morgen wurde,
ruderte er mit seinem vollen Netz
wieder ans Ufer zurück.
So hatte Simon jeden Tag
genug zu essen für seine Familie.
Und was an Fischen übrig blieb,
das verkaufte er auf dem Markt.

Eines Morgens aber
saß Simon in seinem Boot
und wusch traurig sein Netz aus.
Er hatte die ganze Nacht gefischt.
Aber kein Fisch
war ins Netz geschwommen,
kein einziger Fisch.
Mit leerem Boot
war er zurückgekehrt.

Da kam Jesus zum See.
Als er Simon sah,
wie er traurig im Boot saß,
ging er zu ihm hin und bat ihn:
„Lass mich in dein Boot steigen!"
Simon war sprachlos.
Warum kam Jesus zu ihm?
Was wollte er von ihm?
Er konnte ihm doch nichts geben,
nicht einen einzigen Fisch,
gar nichts.
Doch Jesus zeigte
auf sein leeres Boot
und sagte zu ihm:
„Fahr noch einmal
auf den See hinaus
und wirf dein Netz aus.
Dann wirst du viele Fische fangen."

Simon sah Jesus groß an.
Unmöglich!, dachte er.
Am helllichten Tag gehen doch
keine Fische ins Netz!
„Ach Jesus!", wandte er ein.
„Wir haben die ganze Nacht gefischt
und keinen Fisch gefangen.

So viele Fische!
Das wimmelt ja nur so im Netz!
Wer hat die wohl gefangen?
Und wer hat geholfen?
Es ist eine wunderbare Geschichte!

Doch wenn du es sagst,
dann will ich's versuchen."
Und er nahm seine Ruder,
stieß vom Ufer ab
und ruderte noch einmal
weit auf den See hinaus.
Dort warf er sein Netz aus,
wie Jesus gesagt hatte.

Doch auf einmal –
was war das?
Das Netz ruckte und zuckte.
Es zappelte und schwabbelte.
Im Netz wimmelte es nur so
von lauter dicken und fetten Fischen.
Simon zog und zerrte am Netz.
Aber umsonst.
Das Netz war zu schwer.
Schon begann es zu reißen.
„So helft doch!", schrie Simon
zu seinen Freunden am Ufer hinüber.

Da ruderten seine Freunde eilig herbei.
Und gemeinsam zogen und zerrten sie
das übervolle Netz in das Boot.
„Was für ein Fang!", staunte Simon.
Noch nie hatte er so viele Fische
auf einmal gefangen.
Und plötzlich begriff er:
Das hatte Jesus für ihn getan.

Voll Staunen fiel er
vor Jesus nieder und sagte leise:
„Danke, Jesus!
Du bist so gut zu mir.
Das habe ich nicht verdient.
Ich kann nicht dein Freund sein.
Ich bin es nicht wert."
Doch Jesus sagte zu ihm:
„Komm mit und bleibe bei mir!
Bei mir wirst du noch
viel größere Wunder erleben."

Von diesem Tag an
blieb Simon bei Jesus.
Und Jesus wurde sein bester Freund.
Jesus gab ihm den Namen Petrus.
Petrus, das heißt: „ein Fels".
Einer, der Jesus vertraut,
felsenfest.

Lukas 5,1-11

DER FREUDENMEISTER
Als Jesus zum Hochzeitsfest kam

Einmal wurde in einem Dorf
eine große Hochzeit gefeiert.
Viele Gäste kamen zum Fest,
Onkel und Tanten,
Freunde und Verwandte.
Auch Jesus und seine Mutter
waren zur Hochzeit geladen.
Voller Erwartung setzten sich alle
mit dem Brautpaar zu Tisch.
Auf den Tischen standen
leckere Speisen bereit.
Trauben und Feigen,
Kuchen und köstliches Fleisch.
Und Diener gossen immerzu
Wein in die Becher.
Der Küchenmeister sorgte dafür,
dass auf den Tischen nichts fehlte.

Aber auf einmal – o Schreck! –
waren alle Becher leer.
Und auch die Weinkrüge
waren alle leer.
Im ganzen Haus gab es
keinen Tropfen Wein mehr.
Die Diener sahen
den Küchenmeister verlegen an.
Was sollten sie nun
ihren Gästen anbieten?
Aber auch der Küchenmeister
wusste keinen Rat.

Maria merkte als Erste,
was geschehen war.
Sie flüsterte Jesus zu:
„Sieh doch!
Sie haben keinen Wein mehr."
Sie sah Jesus erwartungsvoll an,
als wollte sie sagen:
„Auf, hilf ihnen!
Du kannst es."
Doch Jesus tat so,
als ginge ihn das nichts an.

Da ging Maria
zu den Dienern hinaus
und flüsterte ihnen ins Ohr:
„Passt auf!
Wenn Jesus herauskommt
und euch etwas befiehlt,
dann tut, was er sagt!"

Und wirklich!
Da kam auch schon Jesus
zu den Dienern heraus.
Er zeigte auf die Wasserkrüge,
die draußen vor der Tür standen,
riesengroße Krüge aus Stein.
Und er sagte zu den Dienern:
„Füllt die Krüge mit Wasser
bis an den Rand!"
Da hörten die Diener auf ihn

*Hier wird Hochzeit gefeiert!
Die Braut und der Bräutigam freuen sich.
Weißt du auch, warum?
Weißt du, was auf ihrer Hochzeit
passiert ist?
Du glaubst es nicht!*

und füllten die Krüge mit Wasser
bis an den Rand,
wie Jesus gesagt hatte.
Jesus aber befahl:
„Nun schöpft ein wenig daraus
und bringt es dem Küchenmeister!
Er soll davon kosten."

Da schöpften die Diener
einen Becher voll Wasser
und brachten ihn
zu dem Küchenmeister.
Der nahm den Becher
und trank einen Schluck.
Doch als er das Wasser kostete,
sieh! – da war es köstlicher Wein.
„Ah!", rief er erstaunt.
„Was für ein edler Wein!
Der ist ja noch viel besser
als der erste Wein!"

Nun ging das Fest erst richtig los.
Voller Eifer schöpften die Diener
den Wein aus den Krügen
und gossen ihn in die Becher,
immer wieder,
bis alle genug hatten.
Alle tranken den köstlichen Wein.
Und alle wunderten sich,
woher der gute Wein kam.

Niemand wusste es,
auch nicht der Bräutigam.
Nur die Diener wussten,
woher der Wein kam.
Wasser hatten sie
in die Krüge geschüttet.
Und Wein hatten sie
aus den Krügen geschöpft.
Jesus hatte ein Wunder getan.
Er war der wahre Meister,
der für sie gesorgt hatte.
Nicht ein Küchenmeister –
nein, ein Freudenmeister war er.

Johannes 2,1-12

DER RETTER IM STURM

Mit Jesus im Boot

Einmal saß Jesus
mit seinen Jüngern am See.
Er hatte den ganzen Tag
vielen Menschen geholfen.
Nun war er sehr müde.
„Kommt", sagte Jesus,
„wir fahren über den See
und ruhen uns aus."
Da stiegen sie in ein Boot
und fuhren auf den See hinaus.
Jesus aber nahm ein Kissen,
legte sich hinten ins Boot,
schloss die Augen
und schlief ein.

Es war ein ruhiger Abend.
Der Wind blies sanft in die Segel.
Die Wellen plätscherten leise.
Das Schiff glitt ruhig
durch das Wasser.
Am Himmel leuchteten die Sterne.
Und der Mond schien freundlich
auf die Jünger herab.

Aber auf einmal
zogen dunkle Wolken auf.
Der Himmel wurde ganz schwarz.
Der Mond und die Sterne
verschwanden.
Und plötzlich brach
ein schrecklicher Sturm los.
Der Wind heulte und pfiff.
Der Sturm zerfetzte die Segel.
Das Schiff trieb ziellos
auf dem Wasser dahin.
Die Wellen schlugen
gegen das Schiff.
Immer höher
wurden die Wellen.
Und immer mehr Wasser
spritzte ins Boot.
Schon neigte es sich
gefährlich zur Seite.
Da – auf einmal
brach eine riesige Welle
über das Boot herein
und füllte das Boot mit Wasser.
Schon begann es zu sinken.

Da schrien die Jünger vor Angst:
„Hilfe! Wir sind verloren."
Sie klammerten sich an das Boot
und schrien verzweifelt:
„Jesus, hilf uns!
Rette uns!
Wir ertrinken!"

Doch Jesus lag immer noch
hinten im Schiff.
Seelenruhig schlief er

Siehst du die Leute dort im Boot?
Das sind die Jünger von Jesus.
Sie fahren über den großen See.
Noch ist das Wasser ganz ruhig.
Aber wer weiß, wie lange!
Und wo ist Jesus?

mitten im Sturm.
Aber die Jünger
rüttelten ihn wach.
Sie riefen: „Jesus, wach auf!
Siehst du denn nicht?
Wir ertrinken!"

Da machte Jesus die Augen auf.
Er sah seine Jünger
und er sah die Angst
in ihren Gesichtern.
„Ach ihr!", sagte er ruhig.
„Warum habt ihr solche Angst?
Ich bin doch bei euch."
Dann stand er auf,
streckte seine Hand aus
gegen den Wind und die Wellen,
und mit strenger Stimme
befahl er dem Sturm:
„Ruhe! Sei still!"

Und sieh da!
Auf einmal wurde es ganz still.
Der Sturm verstummte.
Der Wind legte sich.
Die Wellen wichen
vor Jesus zurück.
Der See lag wieder
so still und so ruhig da
wie zuvor.

Die Jünger aber starrten auf Jesus.
Sie brachten vor Schreck
kein Wort heraus.
Doch Jesus sagte zu ihnen:
„Warum hattet ihr solche Angst?
Habt ihr denn kein Vertrauen zu mir?"

Da staunten die Jünger noch mehr.
Und sie flüsterten voll Ehrfurcht:
„Unser Jesus – wie mächtig ist er!
Er ist auch Herr
über den Sturm und das Meer."

Markus 4,35-41

DER JUNGE MIT DEM BROT
Wie Jesus mit wenig Brot viele satt machte

Einmal wanderte Jesus
mit seinen Jüngern
an einen einsamen Ort.
Dort gab es keine Menschen
und auch keine Häuser,
nur Gras und Steine.

Als aber die Leute sahen,
wohin Jesus ging,
liefen sie hinter ihm her.
Aus allen Dörfern kamen sie an:
hundert, tausend – nein,
noch viel mehr Menschen,
Alte und Junge,
Kranke und Gesunde,
und auch viele Kinder.
Bald war der ganze Ort
voller Menschen.
Alle drängten zu Jesus
und baten ihn:
„Erzähl uns von Gott!"

Da erzählte ihnen Jesus
von seinem Vater im Himmel,
der alle lieb hat,
die Großen und Kleinen.
Die Leute aber standen da,
lauschten und staunten
mit offenem Mund,
was Jesus von Gott erzählte.

Sie konnten gar nicht genug
von seinen Worten bekommen.

Inzwischen wurde es Abend.
Den Leuten knurrte allmählich der Magen.
Aber Jesus redete immer noch.
Da kamen die Jünger zu Jesus
und flüsterten ihm ins Ohr:
„Es ist schon spät.
Die Leute haben Hunger.
Schick sie in die Dörfer zurück,
damit sie sich Brot kaufen,
bevor es Nacht wird."

Doch Jesus antwortete:
„Gebt ihr ihnen zu essen!"
Aber die Jünger sahen Jesus groß an.
Sie sagten: „Unmöglich!
Wir haben nichts da,
kein Stück Brot, gar nichts.
Sollen wir etwa weggehen
und Brot kaufen?
Mindestens 200 Silberstücke
müssten wir dafür zahlen.
Dann hätten wir noch nicht genug
für so viele Menschen."

„Wie viele Brote habt ihr?",
fragte sie Jesus.
„Geht und schaut nach!"

Sieh dir den Jungen an!
Was hat er da alles in seinen Korb gepackt!
Will er etwa das Brot ganz allein essen?
Oder wird er es mit anderen teilen?
Hör, was dieser Junge
mit seinem Brot erlebt hat!

Aber niemand hatte Brot mitgebracht.
Niemand hatte daran gedacht.
Nur ein Junge
hatte einen Korb bei sich.
Darin waren fünf Brote
und zwei Fische.

Da kamen die Jünger
zu Jesus und sagten:
„Ein Junge hat fünf Brote
und zwei Fische dabei.
Aber was ist das schon
für so viele Menschen?"
Doch Jesus befahl:
„Bringt ihn zu mir!
Und sagt allen,
sie sollen sich setzen."

Da setzten sich alle ins Gras.
Wie zu einem Festessen,
so setzten sie sich
in Gruppen zusammen.
Und alle blickten
voller Erwartung auf Jesus.
Der aber nahm das Brot
und die Fische,
sah auf zum Himmel,
dankte Gott für das Brot,
brach es
und gab es den Jüngern.

Die teilten das Brot aus
und auch den Fisch,
Stück für Stück.
Alle bekamen ein Stück.
Und siehe da:
Es reichte für alle!
Alle aßen von dem Brot
und von dem Fisch.
Und alle wurden satt.

Zuletzt sammelten die Jünger
die übrigen Brotstücke auf,
die auf dem Boden herumlagen.
Zwölf volle Körbe sammelten sie,
obwohl sie nur aus einem Korb
ausgeteilt hatten.
„Was für ein Wunder!",
staunten die Leute.
Am meisten aber staunte der Junge.
Nur fünf Brote und zwei Fische
hatte er mitgebracht.
Aber Jesus hatte
mit seinem Brot und Fisch
fünftausend Menschen satt gemacht.

Johannes 6,5-13/Markus 6,32-44

DER ZÖLLNER ZACHÄUS

Als Jesus in sein Haus kam

Nicht weit von Jerusalem
liegt die Palmenstadt Jericho.
Dort lebte damals
ein Mann namens Zachäus,
der war sehr, sehr reich.
Zachäus wohnte
in einem prächtigen Haus
und er hatte alles,
was er sich wünschte.
Aber Zachäus hatte
keinen einzigen Freund.
Niemand mochte ihn leiden.
Niemand sprach mit ihm,
wenn er durch Jericho ging.
Niemand besuchte ihn
in seinem prächtigen Haus.
Denn Zachäus war ein Zöllner.
Tagsüber saß er am Stadttor
in seinem Zollhaus.
Und alle, die vorübergingen,
mussten ihm Zoll zahlen.
Sonst durften sie nicht
in die Stadt hinein.
Zachäus verlangte viel Geld,
viel mehr, als er durfte.
Und was er zu viel einnahm,
das behielt er für sich.
Darum machten alle Leute
einen großen Bogen um ihn.
Zachäus war der reichste,
aber auch der einsamste Mensch
in der ganzen Stadt.

Eines Tages aber hörte Zachäus:
„Jesus ist in der Stadt."
Da verließ Zachäus eilig
sein Zollhaus
und lief auf die Straße hinaus,
um Jesus zu sehen.
Aber an der Straße
warteten schon viele auf Jesus.
Zachäus konnte
vor lauter Leuten nichts sehen.
Auch wenn er sich
auf Zehenspitzen stellte,
er konnte nichts sehen.
So klein war Zachäus!

Armer reicher Zachäus!
Was sollte er tun?
Plötzlich hatte er eine Idee.
Am Wegrand stand ein Baum.
Dort kletterte Zachäus hinauf
und versteckte sich
zwischen den Blättern.
Von dort konnte er alles sehen.

Da – auf einmal sah er Jesus.
Er kam genau auf ihn zu.
Nun hielt er sogar an.

*Das ist Zachäus.
Wo mag er wohl sein?
Was sucht er hier?
Und woran hält er sich fest?*

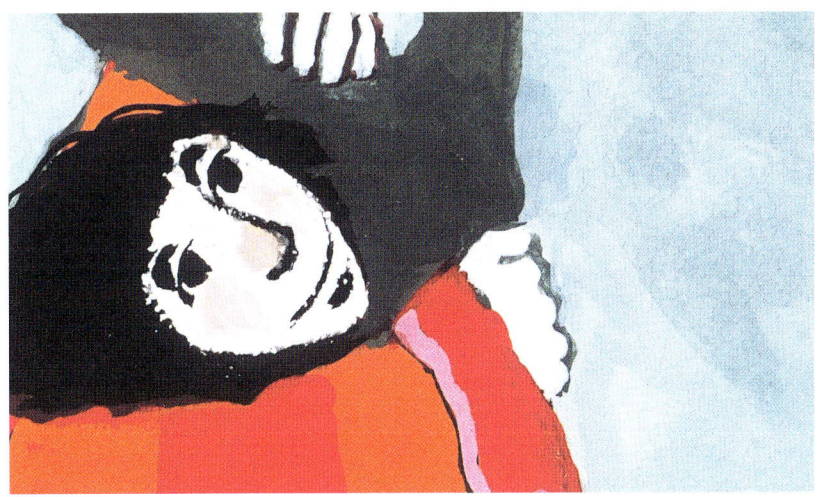

Er blickte zu ihm hoch.
„Zachäus!", rief Jesus.
„Steig schnell herab!
Ich will heute dein Gast
in deinem Haus sein."

Zachäus war sprachlos.
Hatte er recht gehört?
Jesus wollte zu ihm kommen?
Zu ihm, dem Zöllner Zachäus,
den niemand mochte?
Schnell kletterte er vom Baum
und voller Freude führte er Jesus
zu seinem Haus.
Er achtete nicht auf die Leute,
die vor seinem Haus standen
und ihn böse anstarrten.
„Dieser Zachäus!",
murmelten sie wütend.
„Warum kommt Jesus zu ihm?
Weiß er denn nicht,
wie schlecht dieser Mensch ist?"
Doch Zachäus hörte nicht auf sie.
Weit machte er die Tür
zu seinem Haus auf
und ließ Jesus eintreten.
„Sieh her!", sagte Zachäus
und strahlte vor Freude.
„Dies alles gehört mir.
Doch nun will ich es
mit anderen teilen.
Und was ich anderen
zu viel abgenommen habe,
will ich ihnen zurückgeben.
Viermal so viel sollen sie
von mir bekommen."

Da merkte Zachäus,
wie Jesus sich freute.
„Ja", sagte Jesus,
„nun kann in deinem Haus
ein neues Leben beginnen.
Alle sollen erfahren:
Auch du bist Gottes Kind
und gehörst zu seiner Familie.
Denn heute ist der Heiland
zu dir gekommen."

Da brach große Freude
im ganzen Haus aus.
Alle freuten sich mit Zachäus,
dass Jesus in sein Haus
und sein Herz eingekehrt war.

Lukas 19,1-9

DER GÜTIGE VATER
Was Jesus von seinem Vater erzählt

Immer wieder wurde Jesus gefragt:
„Warum gehst du zu Zöllnern
und anderen Schurken,
die das gar nicht verdient haben?
Warum sprichst du mit ihnen
und setzt dich mit ihnen
an einen Tisch?
Sag, Jesus, warum tust du das?"
Da erzählte ihnen Jesus
diese Geschichte:

Es war ein Vater,
der hatte zwei Söhne.
Der ältere Sohn
lebte im Haus seines Vaters
und half ihm immer treu
bei der Arbeit.
Der jüngere Sohn aber
dachte nicht daran.
Er sagte zu seinem Vater:
„Vater, gib mir das Geld,
das ich als Erbe bekomme.
Ich will weg von hier."
Da gab ihm der Vater
traurig sein Geld.
Der jüngere Sohn aber
nahm das Geld
und machte sich auf und davon.
Er reiste in ein fernes Land,
wo niemand den Vater kannte.

Dort lebte er in Saus und Braus.
Er feierte mit Freunden
ein Fest nach dem andern
und gab alles Geld aus.
Bald hatte er nichts mehr,
kein einziges Geldstück.
Da wollten auch seine Freunde
nichts mehr von ihm wissen.

Nun war der Sohn
auf einmal ganz allein.
Er hatte nichts mehr,
keine Arbeit, kein Geld,
keine Freunde, kein Brot, gar nichts.
Was sollte er tun?
Der Sohn ging zu einem Bauern
und bat: „Hast du Arbeit für mich?"
„Du kannst meine Schweine hüten",
sagte der Bauer und schickte ihn
zu den Schweinen hinaus.

Da saß nun der Sohn
bei den Schweinen im Dreck.
Seine Kleider stanken
und hingen in Lumpen herab.
Und er hatte furchtbaren Hunger.
So hungrig war er, dass er sogar
die Schoten gegessen hätte,
die die Schweine fraßen.
Doch niemand gab sie ihm.

Siehst du den Mann?
Er wirft die Arme hoch,
lacht und winkt.
Wer ist dieser Mann
und warum freut er sich so?

Da dachte der Sohn auf einmal
wieder an seinen Vater.
„Ach", sagte er sich traurig,
„wie gut haben es die Knechte
bei meinem Vater!
Sie haben jeden Tag genug zu essen.
Aber ich? Ich verhungere hier.
Doch ich weiß, was ich mache:
Ich gehe zu meinem Vater zurück
und sage zu ihm: ‚Vater!
Ich bin vor dir und vor Gott
schuldig geworden.
Ich kann nicht mehr dein Sohn sein.
Aber lass mich wenigstens
dein Knecht sein.'"
Und sogleich stand er auf
und machte sich auf den Heimweg,
so wie er war, barfuß
und mit stinkenden Kleidern.

Als er aber noch fern vom Haus war,
sah ihn sein Vater kommen.
Da zerriss es ihm fast das Herz,
als er seinen Sohn so zerlumpt sah.
Er lief ihm entgegen,
fiel ihm um den Hals
und küsste ihn.
„Vater!", stammelte der Sohn.
„Ich bin vor Gott und vor dir
schuldig geworden …"

Aber der Vater
rief seinen Knechten zu:
„Holt das schönste Festgewand
aus dem Schrank
und zieht es meinem Sohn an!
Bringt auch Sandalen
für seine wunden Füße!
Und steckt ihm einen Ring
an seinen Finger!
Dann holt schnell das Kalb
aus dem Stall,
das wir gemästet haben!
Schlachtet es und bratet es
und macht ein Festessen daraus!
Dann wollen wir miteinander
feiern und fröhlich sein.
Denn dieser mein Sohn war tot.
Aber nun lebt er wieder.
Er war verloren.
Doch nun hat er heimgefunden."

„Seht!", sagte Jesus zu allen,
die ihm zuhörten.
„So freut sich der Vater im Himmel
über alle seine Kinder,
die heimfinden zu ihm."

Lukas 15,11-24

DER BLINDE BARTIMÄUS
Warum ein blinder Bettler mit Jesus ging

Der Frühling war gekommen.
Das große Passafest
stand vor der Tür.
In Jerusalem waren
alle Häuser festlich geschmückt.
Von überall trafen die Festgäste ein.
Viele kamen von weit her.
Sie waren tagelang zu Fuß gewandert.
Nun waren sie endlich am Ziel.
Voll Freude stimmten sie am Tor
das fröhliche Festlied an:

> *„Hosianna!*
> *Gelobt sei, der da kommt*
> *in dem Namen des Herrn!"*

Es war das Lied für den König,
auf den sie sehnsüchtig warteten.
„Ob er wohl diesmal zum Fest kommt?"
So fragten sich viele voller Erwartung.

Da machte sich auch Jesus auf
und zog nach Jerusalem.
Viele Menschen folgten ihm.
„Wer weiß", sagten sie sich,
„vielleicht zieht Jesus jetzt
als König in Jerusalem ein?
Dann wollen wir dabei sein."

Doch als sie noch unterwegs waren,
blieb Jesus auf einmal stehen.
Rief da nicht jemand?
Ganz laut schrie es ihm entgegen:
„Hilf mir, Jesus! Hilf mir!"
Wer rief da so laut?
Wer war dieser Mann?
„Ach", sagten die Leute,
„hör nicht auf ihn!
Das ist Bartimäus.
Der Mann ist blind.
Er sitzt am Weg und bettelt.
Wir haben ihm schon gedroht:
‚Schrei nicht so laut!
Jesus hat keine Zeit für dich.
Er muss nach Jerusalem gehen.'
Aber er schreit einfach weiter."

„Führt ihn zu mir!", befahl Jesus.
Da liefen sie schnell
zu dem Bettler hin
und riefen ihm zu:
„Bartimäus, steh auf!
Freu dich! Jesus ruft dich!"

Als Bartimäus das hörte,
sprang er auf,
warf seinen Umhang ab
und tastete sich durch die Menge,
bis er vor Jesus stand.

*Stell dir vor: Du bist blind und siehst nichts,
kein Haus, keinen Baum und keine Blumen.
Es bleibt immer dunkel vor deinen Augen.
Aber dann kannst du auf einmal sehen.
Was glaubst du, was wirst du dann tun?
Hör, was dieser Blinde getan hat!*

Voller Erwartung stand er vor ihm.
Jesus aber sah voller Liebe auf ihn.
„Was willst du?", fragte er freundlich.
„Was soll ich dir tun?"

„Ach Jesus!", rief Bartimäus.
„Gib, dass ich wieder sehen kann!"
„Ja", sagte Jesus, „ich will es tun.
Wie du gesagt hast,
so soll es geschehen."

Und da geschah es:
Auf einmal gingen Bartimäus
die Augen auf.
Er sah die Sonne am Himmel.
Er sah auch die Bäume
und die bunten Blumen am Weg.
Er sah auch die vielen Menschen,
die ihn anstarrten.
Und mitten unter ihnen
sah er Jesus, seinen Retter,
der ihm die Augen geöffnet hatte.

Da ließ Bartimäus alles zurück,
seinen Umhang, seinen Stock
und auch seinen Bettlerhut,
und ging mit Jesus.
Er wich nicht mehr von seiner Seite.
Mit eigenen Augen sah Bartimäus,
wie Jesus nach Jerusalem zog.

Er sah den Esel, auf dem Jesus ritt.
Er sah auch die Menschen,
die ihm fröhlich zuwinkten
und Zweige schwenkten.
Sie alle jubelten Jesus zu:

> *„Hosianna!
> Gelobt sei, der da kommt
> in dem Namen des Herrn!"*

Da stimmte auch Bartimäus
fröhlich in ihr Lied ein.
Nun war er gewiss:
Jesus war wirklich der König,
den Gott zu ihnen gesandt hatte.
Der Retter der Welt
war auch sein Retter und Heiland.
Er hatte seine Augen geheilt.

Markus 10,46-11,10

DER KÖNIG AM KREUZ

Warum Jesus sterben musste

In Jerusalem ging es hoch her.
In den engen Gassen
sangen und tanzten die Leute
und zogen in großen Scharen
zum Gottesdienst in den Tempel.
„Ob Jesus auch im Tempel sein wird?
Ob er sich dann als König zeigt?",
so fragten sie sich gespannt.

Aber wie erschraken die Leute,
als sie durch das große Tor
in den Vorhof des Tempels kamen.
Dort ging es zu wie auf dem Markt.
An allen Ecken standen Händler,
die Opfertiere verkauften:
Tauben, Schafe und Lämmer.
Es herrschte ein furchtbarer Lärm.
Die Tauben gurrten,
die Schafe blökten,
die Händler klimperten mit dem Geld.

Da kam Jesus durch das Tor.
Als er die Händler sah,
rief er voll Zorn:
„Hinaus mit euch!
Das hier ist ein Gotteshaus.
Aber was macht ihr daraus?
Wie in einer Räuberhöhle
so sieht es hier aus!"
Und er jagte sie alle hinaus.

Auf einmal war es ganz still
auf dem großen Platz.
Alle starrten erschrocken auf Jesus.
Niemand sagte ein Wort.
Aber die Priester am Tempel
murmelten empört: „Dieser Jesus!
Was fällt ihm ein?
Er spielt sich auf,
als sei er der Herr im Tempel.
Er ist nicht der König,
auf den wir warten.
Sonst täte er so etwas nicht."
Und sie beschlossen,
Jesus heimlich zu töten.

Bald darauf war es so weit.
Soldaten nahmen bei Nacht
Jesus gefangen.
Am nächsten Morgen
führten sie ihn gefesselt
zu Pontius Pilatus,
dem obersten Richter der Stadt.
Der war ein Römer
und wohnte in einer großen Burg,
von vielen Soldaten bewacht.

„Warum bringt ihr
diesen Gefangenen zu mir?",
fragte Pilatus.
„Weil er sterben muss",

Achtung! Gefahr!
Soldaten lauern im Dunkeln!
Kannst du ihre Helme erkennen?
Das bedeutet nichts Gutes!
Was haben sie vor?

riefen seine Ankläger.
„Aber was hat er denn getan?",
fragte Pilatus.
„Er hat behauptet,
er sei ein König."

Da horchte Pilatus auf.
„Sag", fragte er Jesus,
„bist du wirklich ein König?"
„Ja", antwortete Jesus, „ich bin es."
„Aber sag mir",
fragte Pilatus neugierig,
„was hast du verbrochen?"
Doch Jesus sagte nichts mehr,
kein einziges Wort.

Da ging Pilatus vor die Burg hinaus.
Dort warteten schon viele Menschen
gespannt auf das Urteil.
Pilatus aber rief ihnen zu:
„Dieser Mann ist unschuldig.
Er hat nichts Schlimmes getan."

„Nein! Nein!", schrien die Leute.
„Er ist ein Verbrecher."
„Aber was soll ich mit Jesus machen?",
fragte Pilatus unsicher.
„Ans Kreuz mit ihm!", schrien alle.
„Aber was hat er denn getan?",
fragte Pilatus noch einmal.

Doch die Leute schrien noch lauter:
„Kreuzige ihn! Kreuzige ihn!"

Da gab Pilatus auf.
Er übergab Jesus seinen Soldaten.
Die aber packten Jesus,
zerrten ihn in die Burg,
rissen ihm seine Kleider vom Leib,
zogen ihm einen purpurroten Mantel an
und setzten ihm eine Dornenkrone auf.
„Ha!", spotteten sie.
„Was für ein feiner König bist du!"
Und sie schlugen ihn
und spuckten ihm ins Gesicht.
Danach legten sie Jesus
ein schweres Kreuz auf den Rücken
und führten ihn vor die Stadt.
Dort kreuzigten sie ihn.

So starb Jesus.
Wie ein Verbrecher
starb er am Kreuz
und war doch der König,
der in die Welt gekommen war,
um alle Menschen zu retten.

Markus 11,15ff/15,1-39

JESUS LEBT!
Was am Ostermorgen geschah

Es war früh am Morgen.
Zwei Frauen in schwarzen Kleidern
eilten durch die stillen Gassen.
Die eine hieß Maria,
die andere Maria Magdalena.
Sie waren mit Jesus
nach Jerusalem gekommen
und waren dabei,
als er gekreuzigt
und ins Grab gelegt wurde.
Nun gingen sie
noch einmal zum Grab,
das lag in einem Garten
draußen vor der Stadt.
In ihren Händen hielten sie
einen Krug mit kostbarer Salbe.
Damit wollten sie
ihren toten Freund einsalben.
Aber wie sollten sie
in das Grab gelangen?
Vor dem Eingang
lag ein großer Stein,
der versperrte ihnen den Zugang.
Und bekümmert fragten sie sich:
„Wer wälzt uns den Stein
vom Grab weg?"

Doch als sie zu dem Garten kamen –
wie erschraken sie da!
Der Stein war weggewälzt!

Das Grab stand offen!
Und am Eingang
saß eine helle Gestalt,
die blickte sie freundlich an.
Ein Engel war es,
ein Bote Gottes.
Erschrocken schlugen die Frauen
ihre Hände vor das Gesicht.
Aber der Engel sprach zu ihnen:
„Fürchtet euch nicht!
Ihr sucht Jesus,
der gekreuzigt wurde.
Aber Jesus ist nicht hier.
Er ist auferstanden.
Kommt her und seht,
wo er gelegen hat."

Die Frauen wussten nicht,
wie ihnen geschah.
Zitternd gingen sie
in das Grab.
Und wirklich: Es war,
wie der Engel gesagt hatte.
Das Grab war leer!

Da hielt es die Frauen
nicht länger am Grab.
Sie rannten aus dem Garten
und liefen zurück,
so schnell sie die Füße trugen.

Das ist eine Grabhöhle.
Dort haben sie Jesus begraben.
Ein großer runder Stein liegt davor.
Aber was ist das? Das Grab steht offen!
Der Stein ist weggerollt!
Was ist geschehen?

Aber auf einmal
stand ein Mann vor ihnen.
„Seid gegrüßt!", sprach der Mann.
Die beiden starrten ihn an.
Plötzlich erkannten sie ihn:
Jesus war es!
Er war es wirklich.
Nun glaubten sie es gewiss.
Jesus lebte!
Er war vom Tod auferstanden.

Die Frauen wussten nicht:
Sollten sie lachen
oder weinen vor Freude.
Zitternd fielen sie vor Jesus nieder.
Doch Jesus sprach zu ihnen:
„Steht auf! Fürchtet euch nicht!
Geht zu den Jüngern
und sagt ihnen:
Auch sie werden mich sehen."

Auf einmal war alle Angst verflogen.
Voll Freude liefen die Frauen
zurück in die Stadt
und hielten nicht an,
bis sie das Haus fanden,
wo sich die Jünger versteckt hatten,
aus Angst vor den Soldaten.
Sie klopften an und riefen
durch die verschlossene Tür:

„Macht auf! Wir sind es,
Maria und Maria Magdalena.
Wir bringen euch
eine herrliche Nachricht.
Hört! Jesus ist nicht tot.
Er lebt!
Er ist auferstanden."
Doch die Jünger
schüttelten traurig den Kopf.
Sie wollten den Frauen nicht glauben.

Als aber Simon Petrus hörte,
was die Frauen erzählten,
stand er sogleich auf
und lief zum Grab hinaus.
Da sah er mit eigenen Augen:
Das Grab war leer!
Nun glaubte auch er:
Jesus war vom Tod auferstanden.

Markus 16,1-8/Matthäus 28,8ff/Lukas 24,12

DIE FREUNDE VON EMMAUS

Als Jesus seinen Freunden die Augen öffnete

Der Ostertag ging zu Ende.
Rings um Jerusalem her
wurde es allmählich still.
Nur zwei einsame Wanderer
waren noch unterwegs.
Sie waren Freunde von Jesus gewesen.
Nun kehrten sie wieder heim
zu ihrem kleinen Dorf Emmaus.

„Ach", sagte der eine traurig,
„nun ist alles vorbei.
Warum musste Jesus sterben?
Wir werden es nie verstehen."

„Ja", fiel der andere ein,
„wir hatten gehofft,
er sei der König und Retter,
der unserem Volk hilft.
Weißt du noch,
wie Jesus das Brot brach
und alle satt wurden?"

„Ja", meinte der andere,
„weißt du auch noch,
als er dem Blinden
wieder das Augenlicht schenkte?
Aber nun ist alles vorbei."

So tauschten die beiden
ihre Erinnerungen aus.

Dabei bemerkten sie gar nicht,
dass sie ein Mann eingeholt hatte.
Der sprach sie höflich an:
„Warum seid ihr so traurig?
Sagt, was erzählt ihr euch da?"

Verwundert blieben die beiden stehen.
„Wie?", fragten sie.
„Weißt du denn nicht,
was in diesen Tagen geschehen ist?"
„Was denn?", fragte der Fremde.

Da fingen die beiden an zu erzählen:
„Kennst du Jesus von Nazareth?
Sie haben ihn vor drei Tagen
gefangen genommen
und zum Tod verurteilt.
Wie ein Verbrecher starb er am Kreuz.
Doch Jesus hat nur Gutes getan.
Wir hatten gehofft, er sei der Retter,
den Gott uns versprochen hat.
Doch nun ist er schon den dritten Tag tot.
Aber stell dir vor: Heute Morgen
waren Frauen an seinem Grab,
die haben behauptet:
‚Das Grab ist leer. Jesus lebt!'
Aber ihn sahen sie nicht."

„Ach ihr", sagte der Fremde.
„Warum sperrt ihr euch?

*Hier siehst du zwei Freunde von Jesus.
Aber warum sehen sie so ernst aus?
Warum freuen sie sich nicht?
Hat ihnen niemand erzählt,
dass Jesus lebt?*

Warum wollt ihr nicht glauben?
Glaubt mir: Es musste so sein.
Für euch hat Jesus gelitten
und für euch ist er gestorben.
So hat Gott es gewollt.
Denkt daran, was er lange vorher
durch seine Boten verkündet hat."
Und er erzählte ihnen von Mose
und von David, dem König,
und was Gott ihnen versprochen hatte.
Die beiden hörten mit offenem Mund zu.
Wie lebendig der Mann erzählte!
Ganz anders als ihre Lehrer.
Bei seinen Worten wurde ihnen
ganz warm ums Herz.
Wer mochte dieser Mann sein?

Es war schon spät,
als sie nach Emmaus kamen.
Die Sonne war bereits untergegangen.
Da luden die beiden ihren Begleiter
in ihr Haus ein
und setzten sich mit ihm zu Tisch.
Doch da geschah es:
Der Gast nahm das Brot,
dankte Gott, brach es
und gab es den beiden.
Die aber starrten ihn an
mit aufgerissenen Augen.
Auf einmal begriffen sie:

Jesus saß vor ihnen!
Er lebte! Ja, er lebte wirklich.
Am Brotbrechen hatten sie ihn erkannt.
Sie streckten die Arme nach ihm aus.
Aber da war Jesus nicht mehr zu sehen.

Die beiden sahen sich betroffen an.
Wie war das nur möglich?
Den ganzen Weg war Jesus bei ihnen,
doch sie hatten ihn nicht erkannt.
Aber wie ging ihnen das Herz auf,
als er mit ihnen sprach!
Und sogleich standen sie auf
und liefen den ganzen Weg zurück
bis zu dem Haus,
wo die Jünger versammelt waren.
„Macht auf!", riefen die beiden.
„Wir sind es,
die Freunde aus Emmaus.
Hört! Jesus lebt!
Er ist auferstanden.
Wir haben ihn selber gesehen."
„Ja", riefen die Jünger froh.
„Er ist wirklich auferstanden."

Da brach große Freude bei allen aus.
Nun glaubten sie gewiss:
Jesus, ihr Herr, lebte!
Er war vom Tod auferstanden.

Lukas 24,13-35

AUSBLICK

Bis heute gehen Boten in alle Welt
und bringen den Menschen
die gute Nachricht: Jesus lebt!
Die Jünger haben als Erste
die gute Nachricht weitergesagt.

Der Apostel Paulus hat sie
über das Meer bis nach Europa gebracht.

Seitdem geht die gute Nachricht
in alle Länder und Kontinente.
Viele Menschen hören sie
und lassen sich taufen.

Jesus hat seinen Jüngern
dazu den Auftrag gegeben:

> *Geht hin*
> *und macht alle Völker*
> *zu meinen Jüngern!*
> *Tauft sie*
> *auf den Namen*
> *des Vaters und des Sohnes*
> *und des Heiligen Geistes!*
> *Und lehrt sie*
> *alles halten,*
> *was ich euch geboten habe.*
> *Und seid gewiss,*
> *ich bin bei euch alle Tage*
> *bis an das Ende der Welt.*

Matthäus 28,18ff

ZUM GEBRAUCH DER VORLESEBIBEL

*„Ich preise dich, Vater, dass du dies
den Weisen und Klugen verborgen hast
und hast es den Unmündigen offenbart."*

Mt 11,25

Ist es richtig, Kinder schon im Kindergartenalter mit der Bibel vertraut zu machen? Können Kinder in diesem Alter überhaupt verstehen, was da ausgesagt ist? Sind die Geschichten der Bibel für sie nicht zu fern und manchmal fast unheimlich? Wäre es nicht besser, sie auf anderem Wege behutsam an den Glauben heranzuführen?
Diese Fragen mögen berechtigt sein. Dennoch gilt: Kinder haben ein Recht darauf, die Botschaft der Bibel schon im frühen Kindesalter zu erfahren. Und sie haben vor allem ein Recht darauf, sie von uns, ihren Bezugspersonen, zu hören. Jesus selbst gibt uns dazu den Auftrag. „Lasset die Kinder zu mir kommen und wehret ihnen nicht, denn ihnen gehört das Reich Gottes." Kinder stehen unter seinem besonderen Schutz und unter seiner Verheißung. Und es ist unsere Aufgabe als Eltern, Großeltern, Erzieherinnen und Erzieher, dass wir ihnen diese gute Nachricht weitergeben und dass wir ihr im Leben mit unseren Kindern Raum geben. Dabei werden unsere Kinder oft selbst zu unseren Lehrmeistern, die uns neu das Staunen über Gottes Geschichte mit seinen Menschen lehren.

DAS ZIEL DER VORLESEBIBEL

Diese Vorlesebibel möchte Kinder schon in frühem Alter an das Geheimnis der Geschichte Gottes heranführen. Sie möchte ihnen Jesus als ihren Freund und Gott als liebenden Vater vertraut machen und sie behutsam mit auf den Weg nehmen, den Gott seit jeher mit seinen „Kindern" gegangen ist. Dabei setzt sie sowohl ganz auf die Kraft biblischer Erzählung, aber auch ebenso auf die kindliche Vorstellungskraft.

Das bedeutet zum einen im Blick auf die Bildwahl: Nicht die Menge der Bilder ist entscheidend, vielmehr ihre Intensität und Ausdruckskraft, die in den Kindern eigene innere Bilder freizusetzen vermag. Dies geschieht in dieser Vorlesebibel durch die großen und ausdrucksstarken Bilder von Kees de Kort, die jeder Geschichte ihre eigenen unverwechselbaren Stempel geben.
Das bedeutet zum anderen im Blick auf den Erzählstil: Die Vorlesebibel legt Wert darauf, dass die Geschichten der Bibel nicht dem „Kind zuliebe" willkürlich verändert werden. Vielmehr möchte sie die Eigenart biblischer Erzählkunst in einfacher Form Kindern zugänglich machen. Sie möchte die Lebendigkeit biblischer Erzählungen so aufnehmen, dass die Kinder in der Geschichte leben und sich selbst als Teil dieser Geschichte erfahren können.

AUFBAU UND GESTALT DER VORLESEBIBEL

- Diese Bibel enthält 32 einzelne Erzählungen, die zusammen mit je einem großen Bild eine in sich geschlossene Einheit darstellen. Die Geschichten haben fast immer eine zentrale Gestalt der Bibel zum Thema. Vorrangig sind Geschichten von Menschen ausgewählt worden, mit denen sich die Kinder identifizieren können, insbesondere Geschichten, die von Kindern erzählen.

- Wie aus den Überschriften hervorgeht, kommt in dieser Bibel den biblischen Namen besondere Bedeutung zu. Sie bilden für die Kinder eine wichtige Brücke zwischen der Welt der Bibel und ihrer eigenen Lebenswelt. Viele dieser Namen sind den Kindern aus der eigenen Umgebung vertraut. Nicht wenige Kinder tragen sogar selbst einen biblischen Namen und sind überrascht, wenn sie hören, welche Geschichte sich mit ihrem Namen verbindet.
- Die einzelnen Erzähleinheiten sind jeweils gleich aufgebaut. Sie bestehen aus drei Bausteinen, die zugleich einen Weg zur Erschließung der Geschichte vorgeben:
(1) Einführung in die Geschichte im „Gespräch" mit der Person, von der die Geschichte erzählt;
(2) Lesen der Geschichte im geschützten Rahmen, der es den Kindern ermöglicht, die Geschichte im Hören zu erleben;
(3) gemeinsame Bildbetrachtung, die dem Kind einen Raum erschließt, in dem das Gehörte eigenständig verarbeitet und angeeignet werden kann.
Mit diesem Dreischritt wird ein Weg beschritten, der mit sparsamen Mitteln Spannung aufbaut und durchhält. Dies gilt aber nicht nur für die einzelne Erzähleinheit, sondern auch für den Aufbau der gesamten Vorlesebibel. In der Abfolge ihrer Erzählungen beschreibt sie den Weg der Geschichte Gottes mit seinen Menschen, angefangen bei der Schöpfung bis hin zu der Verheißung des Auferstandenen: „Ich bin bei euch alle Tage".

DIE SPRACHE DER VORLESEBIBEL

Als Vorlesebibel legt diese Bibel besonderen Wert auf den Rhythmus der Sprache und auf die sorgfältige sprachliche Gestaltung der Erzählungen. Dabei orientiert sie sich zum einen an der elementaren Sprache der Bibel, zum andern am kindlichen Sprachvermögen. Als solche richtet sie sich zwar vor allem an Kinder im Kindergartenalter, führt aber an einigen Stellen bewusst über die Sprache von Vier- bis Fünfjährigen hinaus. Dabei mutet sie hie und da auch Wörter zu, die den Kindern in diesem Alter vielleicht noch nicht geläufig sind. Sie setzt aber darauf, dass die Kinder mit den Geschichten mitwachsen und dass wir sie in diesem Prozess des Wachstums kontinuierlich begleiten. Mehr noch: Indem wir unseren Kindern regelmäßig Geschichten der Bibel vorlesen, bekommt Gottes Wort eine Stimme, und wir werden mit unseren Kindern zu Hörenden, im gemeinsamen Hören auf sein Wort.

Ich wünsche allen, die dieses Buch zur Hand nehmen, dass sie sich auf das Wagnis des gemeinsamen Lesens und Hörens mit unseren Kindern einlassen können, im Vertrauen darauf, dass Gott selbst gegenwärtig ist, wo immer Menschen sein Wort hören.

Irmgard Weth

NAMENSVERZEICHNIS

Von diesen Namen erzählt die Vorlesebibel:

AARON	44	JOSEF (2)	74/78
ABRAHAM	16 f.	JOSUA	48 f.
ANDREAS	95	KALEB	48 f.
AUGUSTUS	78	LABAN	25/32 f.
BARTIMÄUS	120 f.	LEA	32 f.
BENJAMIN	36 f.	MARIA	74 f./78 f./128 f.
BETUEL	25	M. MAGDALENA	128 f.
BOAS	53	MIRJAM	40 f./44 f.
ELI	56 f.	MOSE	40 f./44 f./48 f.
ESAU	28 f.	NAOMI	52 f.
DAVID	60 f.	NOAH	12 f.
DANIEL	68 f.	PAULUS	136
GABRIEL	75	PETRUS	96 f.
GOLIAT	60 f.	PILATUS	124 f.
HERODES	74/86 f.	RAHEL	32 f.
ISAAK	21/24 f./28	REBEKKA	24 f./28
JAKOB	28 f./32 f./36 f.	RUT	52 f.
JAKOBUS	95	SAMUEL	56 f.
JOHANNES	95	SARA	16/20 f.
JONA	64 f.	SIMON	95/96 f.
JONATAN	61	ZACHÄUS	112 f.
JOSEF (1)	36 f.		

Aber der wichtigste Name in der Bibel ist der Name JESUS. Von ihm erzählt das Neue Testament auf jeder Seite.

GEBETE FÜR KINDER

Die Bilder der Vorlesebibel laden dazu ein, die gemeinsame Bildbetrachtung in ein Gebet einmünden zu lassen.
Folgende Gebete beziehen sich auf ausgewählte Bilder und Texte der Vorlesebibel.
Sie möchten dazu anregen, mit den Kindern gemeinsam eigene Gebete zu den jeweiligen Texten und Bildern zu formulieren.

Seite 9/10: SCHÖPFUNG:
Mein Gott, wie schön ist deine Welt.
Du bist es, der sie am Leben erhält.
Die Bäume, die Blumen, das blaue Meer
hast du uns geschenkt und noch viel mehr!
Du hast auch mir das Leben gegeben.
Ich darf in deiner herrlichen Welt leben.

Seite 14/15: NOAH
Guter Gott, wir danken dir.
Alles Gute kommt von dir.
Sonnenschein und Regen
bringt uns deinen Segen.
Im Sommer wie im Winter
bewahrst du deine Kinder.
Am Abend und am Morgen
sind wir bei dir geborgen.
Du machst neu das ganze Land.
Alles kommt aus deiner Hand.

Seite 22/23: ISAAK
Gott, du hast mir
Vater und Mutter gegeben,
ich hab sie so lieb,
will sie niemals hergeben.
Vater im Himmel, gib auf uns acht,
dass einer dem anderen Freude macht.

Seite 30/31: JAKOB
Guter Gott, du machst uns Mut,
du meinst es mit uns allen gut.
Lass uns doch immer zusammen stehen
und niemals im Streit auseinandergehen.

Seite 38/39: JOSEF
Vater im Himmel, ich bin nicht allein.
Ich habe Geschwister, auch sie sind dein.
Doch jeder von uns will Erster sein.
Oft zanken wir uns fürchterlich
und schreien uns an, ganz widerlich.
Ich bitte dich: Vergib den Streit
und mach uns zum Verzeihen bereit.

Seite 43/44: MOSE
Vater im Himmel,
lass mich nicht allein.
Du hast doch versprochen,
immer bei mir zu sein.
Du siehst mich und liebst mich,
du kennst meinen Namen.
Darum bin ich fröhlich.
Ich vertraue dir. AMEN.

Seite 50/51: JOSUA
Wo ich gehe, wo ich stehe,
gehst du, guter Gott, mit mir.
Wenn ich auch den Weg nicht sehe,
glaub ich fest: Du bist bei mir.

Seite 54/55: RUT
Gott, du hast Rut
ein neues Zuhause gegeben
Auch ich hab ein Zuhause,
darf sicher leben.
Aber nicht alle Kinder
haben es so gut wie ich.
Viele leben auf der Straße
und fürchten sich.
Vater im Himmel,
du kennst sie mit Namen.
Gib auf sie acht
und beschütze sie. AMEN.

Seite 62/63: DAVID
Lieber Gott,
du bist wie ein Hirte für mich.
Du sorgst für mich
und behütest mich.
Du bist bei mir.
Darum fürchte ich mich nicht. *(nach Psalm 23)*

Seite 70/71: DANIEL
Von guten Mächten wunderbar geborgen
erwarten wir getrost, was kommen mag.
Du bist bei uns am Abend und am Morgen
und ganz gewiss an jedem neuen Tag.

(nach Dietrich Bonhoeffer)

Der Bestseller unter den Kinderbibeln

Herausragend in der Erzählweise, stark am Bibeltext orientiert und dennoch kindgemäß, eignet sich der Bestseller unter den Kinderbibeln in besonderer Weise für Kindergottesdienst, Schulen und Familien. Die 154 Geschichten und die ausdrucksstarken Bilder helfen Kindern mehr, die Welt der Bibel zu erschließen. Der fachkundige theologische Anhang wendet sich an Eltern und interessierte Leser und ist in seiner Art für Kinderbibeln einmalig. Eine Bibel zum Mitwachsen für Kinder ab 5 Jahren.

Irmgard Weth
Neukirchener Kinderbibel
Mit Bildern von Kees de Kort
20. Auflage 2020
gebunden, 328 Seiten
ISBN 978-3-920524-52-8

Das Bibel-Lesebuch, das tiefer geht!

Die Neukirchener Erzählbibel enthält 200 Erzählungen aus dem Alten und Neuen Testament, von denen einige kaum bekannt sind. Sprachlich sorgsam gestaltet und theologisch verantwortlich reflektiert – dieses Bibel-Lesebuch eröffnet einen neuen Zugang zu den Büchern der Bibel und ist die ideale Ergänzung zur Neukirchener Kinderbibel. Ein wunderschönes Geschenk zu festlichen Anlässen wie Konfirmation, Firmung und Trauung. Und hervorragend geeignet zur eigenen Vertiefung biblischen Wissens.

Irmgard Weth
Neukirchener Erzählbibel
Die Bücher der Bibel
neu erschlossen und erzählt
Mit Bildern von Kees und Michiel de Kort
4. Auflage 2019
gebunden, 480 Seiten
ISBN 978-3-920524-51-1

Irmgard Weth
geb. 1943, studierte in Tübingen und Heidelberg Theologie,
Latein und Geschichte. Sie war als Theologin und Pädagogin
im Neukirchener Erziehungsverein tätig, insbesondere
als Dozentin für Biblische Theologie und Religionspädagogik.
Sie ist Autorin verschiedener Bibelausgaben und gilt als
Expertin für Biblisches Erzählen.

Kees de Kort
(1934-2022) studierte an der Akademie der Bildenden Künste in Utrecht und Amsterdam.
Er lebte und arbeitete als Künstler in Bergen / Niederlande.
Seine Bilder nach Motiven biblischer Geschichten sind international bekannt,
ebenso auch die Bilder seiner Söhne Hjalmar und Michiel de Kort.